Herausgeber und Autor:
FREE SPIRIT MMEDIA-PRODUCTION
Bruno Purusha Würtenberger

Interessierte Leser sind herzlich eingeladen, sich mit dem Verlag oder dem Autor in Verbindung zu setzen:

Spirituelle Schule Schweiz
FREE SPIRIT MMEDIA-PRODUCTION
Bruno Würtenberger
Wermatswilerstrasse 48
CH-8610 Uster

Telefon: +41-(0)44-951 04 05
Telefax: +41-(0)44-951 18 00

E-Mail: spiritinfo@swissonline.ch

Homepages:
www.freespiritinfo.com
www.spirituelleschuleschweiz.ch
www.GroovingSpirit.com (Musikprojekt)
www.new-peace.com (Neue Spirituelle Friedensbewegung)
www.peaceday.eu *(in Arbeit)*
www.bt-visiontrade.com (Shop! *in Arbeit)*

Attraktive Konditionen für Buchhändler und Wiederverkäufer!

Erste Auflage: Herbst 2006 (2000 Ex.)

Lektorat, Layout, Umschlaggestaltung: Bruno, Klaus & Angelika
Druck: WA-Alpenland/Gelting/Deutschland

ISBN 978-3-9522721-2-1

FREE SPIRIT

HOLISTIC RESEARCH OF CONSCIOUSNESS

Dieses Büchlein vermittelt einen kleinen Einblick in die tiefere Philosophie des Free Spirit. Ziel dieser Schrift ist es, Dich zur Teilnahme am gleichnamigen Training zu inspirieren.

Trotzdem erwartet Dich hier keine Werbebroschüre, sondern ein wertvolles, kleines Handbuch mit Denkanstößen für Deine Spiritualität wie auch für Deinen materiellen Erfolg.

Ich bitte Dich, dieses Buch, nachdem Du es gelesen hast, weiterzugeben. Solltest Du etwas daraus zitieren, kopieren oder im Internet veröffentlichen wollen, dann hast Du hiermit meine Erlaubnis, sofern Du die Quelle Deiner Inspiration angibst. Diese lautet wie folgt:

Bruno P. Würtenberger
Free Spirit (www.freespiritinfo.com)

Herzlichen Dank für Dein Vertrauen und viel Freude bei der Lektüre, welche nun vor Dir liegt!

Inhaltsverzeichnis

Inhaltsverzeichnis Seite 2

Vorwort

von Dipl. Ing. Klaus Podirsky

Im August 2006 bekam ich den Inhalt der vorliegenden Schrift erstmals zu lesen. Obwohl es natürlich nicht die ersten Texte von Bruno Würtenberger waren, mit denen ich mich damals konfrontiert sah, so waren es mit Sicherheit die für mich bislang provokantesten. Mit einer zunächst ambivalenten Mischung aus Interesse, Staunen und Verwunderung las ich Kapitel um Kapitel.

In unserem folgenden Gespräch über das vorliegende Manuskriptmaterial waren meine ersten, vorsichtig formulierten Worte: „Bruno – ich bin echt froh und dankbar, dass ich Dich bereits vorher kennen lernen durfte!" Es war das Ehrlichste, was ich mir gleich vorneweg von der Seele reden wollte. Oft war ich beim Lesen nämlich auf mir allzu apodiktisch anmutende Formulierungen gestoßen und – angestoßen. „ Was ist denn Deine Zielgruppe für dieses Büchlein?" – war meine nächste Frage. „Und, willst Du die alle systematisch vor den Kopf stoßen?!" Ja, er wolle sie ‚vor-den-Kopf-stoßen' um anzustoßen, sich selbst wieder auf die eigenen Beine zu stellen. Der Verstand wolle herausgefordert sein, jedoch um darüber hinauszugehen; um, statt das Leben in Zukunft weiterhin auf-den-Kopf-zu-stellen, es den Menschen zu ermöglichen, es selbst verantwortend wieder auf-beide-Beine-zu-stellen. Wer an dieses Gedanken-Material herangeführt werde, der wäre innerlich mehr oder weniger *bereitet* dafür. Für den oder die wären Formulierungen wie *die meisten Menschen* oder *viele Menschen* (so von mir vorgeschlagen) zwar umgänglicher, der Verstand jedoch fände darin – bequem und veränderungsfeindlich, wie er nun ´mal ist – als Ausflucht erleichtert das erhoffte Schlupfloch: *„Gott sei Dank gilt das Gesagte zwar für ‚die meisten', für ‚viele' – ja für ‚alle-die-da-draußen-eben' – Gottlob nicht für mich!"*

„Hilfst Du diesen Suchenden wirklich mit Deinem Bemühen um Relativierung, Klaus?!" – so Bruno. Da erkannte ich eine weitere wesentliche Seite von ihm: Da gibt es keine Berechnung. Da gilt lediglich wertschätzende Einfühlung in die Seele der heutigen Zeitgenossen. Wie wir alle eben sind, beziehungsweise uns selbst gut kennen: mit einem scharfen Verstand ausgestattet, der das erkennende, fühlende Herz gern für dumm verkaufen mag.

Wer das Glück hat, Bruno Würtenberger persönlich kennen zu lernen, der wird einen Menschen wahrnehmen, der primär weniger durch seine Worte wirkt, sondern durch sein freudiges Mensch-Sein und Interesse, durch freilassende Sanftheit und herausforderndes Mutmachen. Eine Ausstrahlung, die auch mein Herz vom ersten Moment an berührt hat.

So wünsche ich dem Leser, der Leserin dieses Buches das Glück und die Gabe zwischen den Worten und Zeilen das Herz dieses Menschen zu spüren, der so schreibt: kraftvoll – und, ja auch ‚anstößig' vielleicht – aber auch mit der liebevollen Überzeugtheit, dass im Leser, in der Leserin nicht nur ein Verstand liest, sondern vor allem auch eine schöpferische, mutige Seele.

„Nicht woher der Wind weht ist maßgebend, sondern, wie man die Segel setzt."

Diese ‚Segler-Weisheit' habe ich bei Bruno auf dem Kurs kennen gelernt und nach dem Kurs im Leben für mich real und neu wiederentdeckt. Was für einen der Materie Unkundigen auf den ersten Blick wohl wie ‚Segler-Latein' wirken muss, kennt jeder mutige Segler und beweist sich – gewusst wie – auch im eigenen Leben. So zu leben ist zauberhaft. So leben zu lernen, so leben lernen zu wollen, dafür bietet die Lektüre dieses Buches wohl Anstoß genug...

Abschließend möchte ich an dieser Stelle alle Leser und Leserinnen freudig begrüßen, welche diese Schrift nun vor sich liegen haben. Das Leben hat also auf individuellen Wegen diesen ersten Impuls gesetzt. Ich wünsche allen, dass Interesse und Freude sie beim Lesen begleiten und dass das in der vorliegenden Schrift Mitgeteilte in seiner vollen Tiefe aufgefasst und wertgeschätzt werden kann. Es mögen daraus viele neue Impulse erwachsen...

August 2006

Dipl. Ing. Klaus Podirsky, lebt in Wien und ist neben seiner Tätigkeit als FREE SPIRIT-Trainer seiner Ausbildung nach Architekt; in den 1980/90-er Jahren war er Initiator und maßgeblicher Mitverfasser des Österreichischen Waldorf-Lehrplans (seit 1995: Internationaler Lehrplan der Waldorfschulen Europas). Mit seinem Buch: *Fremdkörper Erde –Strukturbildung im Sonnensystem* (Frankfurt/2004) hat er sowohl vom Standpunkt heutiger Physik als auch von Seiten einer spirituellen Kosmologie zu Evolution, Sinn- und Menschheitsfragen Stellung bezogen. Klaus Podirsky ist weiters Dozent im Rudolf Steiner Seminar für Heilpädagogik und Sozialtherapie in Wien, Teamentwickler, Sozialtherapeut, Maler und Lyriker.

DER FREE SPIRIT

Früher, als die Menschen noch unbewusst und ungebildet waren, sprachen die wenigsten vom *‚Free Spirit'*. Sie sprachen von einem personifizierten *‚Gott'* und da keiner wusste, wo dieser zu finden ist, wie er oder sie aussieht und wer er oder sie ist, bastelten sie sich einfach einen. Dieser Vorstellung verliehen sie folgende Attribute: männlich, alt (meist mit wallendem, weißem Bart), weise, gerecht, strafend, emotional, liebevoll usw. So war es zumindest die letzten paar tausend Jahre. Mag sein, dass die Menschen sich *Gott* noch früher weiblich vorstellten... Aber diese *Göttin* kam genau so wenig an das heran, was *Gott* wirklich ist, wie alle anderen Vorstellungen auch. *Gott* blieb für die meisten Menschen ein Mysterium und die Machthaber unserer Welt gaben und geben viel dafür, dass es auch so bleibt. Denn diese Vorstellungen von dem, was die Menschen ‚Schöpfer' nennen, erwies sich bald als optimales Manipulationswerkzeug, um das Bewusstsein der Menschen zu beherrschen, zu nutzen und auszunutzen.

Ich glaube, dass die Zeit nun reif ist für ein neues, modernes und dem menschlichen Entwicklungsstand angepasstes Weltbild. Selbst die heutigen Erkenntnisse der Quantenphysik weisen bereits in die entsprechende Richtung... Du brauchst jetzt aber keine Angst zu haben, denn ich werde hier weder ein wissenschaftliches, noch ein konfessionelles Buch präsentieren. Ich spreche über den Free Spirit, dessen Bewusstsein und dessen Allgegenwärtigkeit. Möglicherweise gab es schon früher Meister, welche Dir davon berichteten, oder Weise, welche davon erzählten. Die Indianer nannten es ‚Großer Geist'. Ich sage *‚Es'*, weil ich nicht missverstanden werden möchte. Und immer, wenn ich *‚der'* Free Spirit sage, dann tue ich dies der Einfachheit halber und nicht deswegen, weil ich glaube, dass es sich hierbei um etwas Geschlechtsspezifisches handelt. Bitte nimm das der Einfachheit halber ´mal so zur Kenntnis.

Diese Schrift handelt auch vom FREE SPIRIT-Training und möchte darüber Klarheit schaffen, was das letztendliche Ziel dieses Bewusstseins-Forschungskurses ist. Dieses Buch, wie auch der Kurs, kann, darf und soll ruhig als *Gehirnwäsche* betrachtet werden. Das ist gut so. Ich richte mich ja an jene Wesen, welche erkannt haben, dass es durchaus Sinn macht, nicht bloß seine Wäsche, sein Auto oder seine Haare zu waschen, sondern dass auch sein Gehirn ab und zu einer Säuberung bedarf. Ja, es hat es sich sogar verdient!

Verzeih mir also, wenn ich die Bezeichnung *Gehirnwäsche* durchaus als etwas Erstrebenswertes beziehungsweise als Kompliment auffasse und mich deswegen nicht darüber aufregen werde. Im Gegenteil. Solltest Du hier nun weiter lesen und das Buch bis zum Schluss Deinem Gehirn zumuten – und wer weiß, vielleicht findest Du es sogar spannend, humorvoll, tiefgründig und gut –, dann solltest Du Dir ernsthaft eine Kursteilnahme überlegen. Entsprechende Kontaktmöglichkeiten findest Du am Ende des Buches. Nur so viel sei gesagt: Ich bin sowohl politisch wie auch religiös absolut unabhängig und frei. Ich bin auch nicht esoterisch orientiert und ich respektiere alle Menschen, Nationen und Glaubensgemeinschaften. Ich fühle mich allen Wesen grundsätzlich in Liebe und Wertschätzung verbunden. Ich fühle mich als Teil der Menschen, der Natur, der Planeten, der Galaxien, Universen... ja, als Teil des Ganzen, welches ich *die Schöpfung* nenne.

Ich Bin[1] der Ich Bin[2] und auf Erden nennt man mich: Bruno Purusha Würtenberger. Ich werde Dir, soweit möglich, meine Vergangenheit, meine Geschichte ersparen. Sollte ich dennoch irgendwann von diesem Vorhaben abweichen, dann nur deshalb, weil es der Erklärung oder dem Verständnis dient. Warum? Weil meine Vergangenheit uninteressant ist. Sie ist eben Vergangenheit. Ich aber bin nicht die Vergangenheit, sondern der Augenblick. Genauso wie Du. Möglicherweise identifizierst Du Dich damit, was Du einmal warst... aber das ist nichts im Vergleich zu dem, was Du heute bist oder zumindest sein könntest! Und davon handelt dieses Buch. Es beschreibt die Denkweise und das Verhalten eines Menschen der Jetztzeit, nicht des Gestern oder des Morgen. Was Du gestern gewesen bist, ist vorbei. Was Du morgen sein wirst, wissen die Götter. Was Du heute sein kannst, übertrifft beides bei weitem. O.k., bist Du also bereit?! Es könnte sein, dass Du Dich über mich ärgerst oder glaubst, dass ich überheblich sei. Beides ist unnötig. Nimm doch einfach aus diesem Buch das, was Du brauchst um glücklich zu sein und streiche alles, was Dir unsinnig erscheint. Ja, ich erlaube Dir das. Andererseits solltest Du es nicht zu dick streichen, da Du es in einiger Zeit möglicherweise zu verstehen beginnst und es dann doch nochmals lesen möchtest. *(Sorry, dies zum Beispiel ist meine Art von Humor.)*

PS: FREE SPIRIT in Großbuchstaben geschrieben meint den Kurs und Free Spirit in dieser Form geschrieben meint *Gott*.

[1] Ich schreibe ‚Bin' (Sein) an gewissen Stellen des Buches absichtsvoll groß, um explizit auf den reinen Daseins-Zustand hinzuweisen.

[2] Das, lieber Leser, liebe Leserin zeichnet jedoch gleichermaßen uns alle aus, insofern wir Menschen alle Anteil haben an diesem Urgrund des Seins und als Träger jener Kraft stets schöpferisch unsere eigene Lebenswirklichkeit erschaffen.

Die Liebe und das liebe Ego-Ich

Zu Beginn möchte ich Euch die folgende Geschichte erzählen. Ich glaube, sie ist in ihrer ursprünglichen Form von Osho. Doch einerlei, von wem sie stammt, sie ist wundervoll, doch lies selbst...

Der Baum und der Junge

Ich habe von einem uralten Baum gehört, dessen Krone so gewaltig war, dass seine Zweige bis in den Himmel reichten. Zu seiner Blütezeit tanzten die buntesten Schmetterlinge um ihn herum und wenn er Früchte trug, kamen seltene Vögel aus fernen Ländern, um in seinem Laub zu singen. Seine Zweige waren wie ausgestreckte Hände, die alles segneten, was sich in seinem Schatten niederließ. Ganz besonders aber liebte er einen kleinen Jungen, der jeden Tag kam, um zu seinen Füssen zu spielen.

Das Große - wie ihr wisst - kann das Kleine lieben, so es nicht um seine Größe weiß. Der Baum wusste nicht, daher liebte er. Der Mensch aber, da er ein großes Ego hat, bildet sich auch ein, groß zu sein... In den Augen der Liebe jedoch ist niemand 'groß' oder 'klein'. Liebe - allumfassend - kennt keine Unterschiede. Liebe liebt, was immer zu ihr kommt.

So entwickelte auch der Baum eine tiefe Liebe zu dem kleinen Jungen, der in seiner Nähe spielte. Seine Zweige wuchsen zwar hoch in die Luft, er aber beugte sich tief zu dem Jungen herab, sodass dieser seine Blüten und Früchte erreichen konnte, um sie zu pflücken. Der Baum neigte also seine Äste dem spielenden Kind entgegen und freute sich, wenn es seine Blüten pflückte. Sein ganzes Wesen war vom Glück der Liebe zu dem Kind erfüllt. Der Junge wuchs heran; manchmal schlief er im Schoße des Baumes, manchmal aß er seine Früchte und manchmal flocht er eine Krone aus seinen Blüten und spielte „Dschungelkönig". Das Kind wurde König, wenn die Blüten der großen Liebe in ihm aufblühten. Und der Baum war überglücklich, zu sehen, wie der kleine Junge die Krone trug und um ihn tanzte. Er nickte gutmütig und ließ seine Blätter liebevoll im Wind rauschen, um seinen Tanz mit Musik zu begleiten. Der Junge wurde größer und begann in den Baum hinaufzuklettern und in den allerhöchsten Zweigen zu schaukeln.

Wie selig, wie glücklich war der Baum da, wenn er fühlte, wie freudig sich der Kleine in seinen Zweigen ausruhte.

Mit der Zeit aber hatte der Junge andere Dinge zu tun, als in einem Baum zu spielen. Er wurde ehrgeizig, denn er musste jetzt Prüfungen bestehen. Er traf sich mit seinen Freunden, unterhielt sich, ging mit ihnen spazieren und kam so nur noch selten zu dem Baum. Sehnsüchtig wartete dieser auf sein Kommen und rief aus tiefster Seele: „Komm, komm, ich warte hier auf Dich."

So wie Liebe trauert, da sie sich nicht mitteilen kann, trauerte auch der Baum. So wie die Liebe dankbar ist, wenn man sie entgegennimmt und am glücklichsten, wenn sie sich bis zur Neige schenken kann, so sehnte sich auch der Baum sich zu verschenken. Doch je älter der Junge wurde, desto seltener kam er zu dem Baum. Je erfolgreicher er in der Welt wurde, dessen größer ward auch sein Ehrgeiz, desto weniger Zeit fand er für die Liebe. Der Junge war jetzt völlig beschäftigt damit, eine große Karriere zu machen. Als er aber eines Tages zufällig vorüberging, sagte der Baum: „Ich warte Tag und Nacht auf Dich, aber Du kommst nie mehr." „Wozu sollte ich auch zu Dir kommen? Was hast Du schon? Ich brauche Geld. Hast Du vielleicht welches?" Der Baum war erschrocken und sagte: „Du kommst nur noch, wenn ich Dir etwas geben kann – Geld geben kann?!" Dies zu verstehen fiel dem Baum schwer, denn seine Liebe kannte keine Gründe; sie war sich selbst Lohn genug.

„Wir Bäume, wir leiden nicht unter dieser Krankheit", sagte der Baum, „und sind unseres Lebens froh. Wir blühen im Frühling und tragen im Herbst Früchte, aber Geld, Geld haben wir keines. Und sieh: Trotzdem kommen die Vögel und singen in unseren Zweigen. Wenn wir anfangen würden, nach Geld zu suchen, dann müssten auch wir in die Tempel gehen, ganz wie ihr armen Menschen und lernen, wie man seinen Frieden und seine Liebe wieder findet. Nein, wir brauchen kein Geld." „Und, was soll ich dann bei Dir?!", fragte der Junge. „Ich gehe dahin, wo ich zu Geld kommen kann, denn das ist es, was ich dringend brauche." Der Baum dachte einen Augenblick lang nach und dann sagte er: "Mein Liebling, bleib und gehe nirgendwo anders hin, pflücke nur meine Früchte ab und verkaufe sie auf dem Markt. So kommst Du zu Deinem Geld."

Die Miene des Jungen erheiterte sich sofort. Er kletterte auf den Baum und im Nu waren die Früchte abgepflückt. Selbst noch die unreifen schüttelte er zuletzt vom Baum.

Der Baum war glücklich, auch wenn einige seiner Äste abgebrochen und viele seiner Blätter zu Boden gefallen waren.

Der Baum merkte in seiner Freudigkeit gar nicht, dass der Junge sich kein einziges Mal nach ihm umdrehte, als er fort ging. Er hatte den Dank bereits verspürt, als der Junge sein Liebesangebot annahm.

Lange Zeit kam der Junge nicht mehr zurück. Mit den Früchten des Baumes hatte er das Geld verdient, das er meinte zu brauchen und war nun damit beschäftigt, mehr Geld daraus zu machen. Den Baum hatte er bereits vergessen. Jahre vergingen so und der Baum fühlte die Ferne des Jungen, weinte aus seiner Rinde und wartete sehnsüchtig auf ihn, wie eine Mutter, deren Kind verloren ging. Sein ganzes Wesen war erfüllt vom Schmerz der Sehnsucht.

Nach vielen, vielen Jahren - der Junge war schon längst zum Mann geworden - kam er wieder einmal in die Gegend, wo der Baum stand. Von der Weite schon spürte der Baum sein Nahen und rief entzückt: „Komm, mein Junge, komm und lege Du Deine Arme um meinen Stamm". „Hör auf mit dieser Gefühlsduselei!", sagte der Mann verärgert, „Das war einmal - schon nicht mehr wahr! - als ich noch ein Kind war." Doch der Baum bat ihn: „Komm, schwing Dich doch hinauf in meine Zweige und spiele noch einmal mit mir." „Lass dieses Geschwätz!", sagte der Mann: „Ich muss mir ein Haus bauen und weiß nicht wie. Und Du - kannst Du mir vielleicht ein Haus besorgen?" Der Baum rief: „Ein Haus?! Ich selbst habe kein Haus! Nur die Menschen leben in Häusern. Kein anderes Wesen würde das aushalten. Und was passiert, wenn ein Mensch lange zwischen seinen vier Wänden gelebt hat...? Je größer die Häuser, die er sich baut, desto keiner und armseliger wird er. Wir leben nicht in Häusern. - Aber Du kannst meine Äste abschneiden und versuchen, daraus ein Haus zu bauen."

Gute Idee, dachte der Mann bei sich und verlor keine Zeit. Er holte seine Axt und schlug dem Baum von oben nach unten alle seine Äste ab. Jetzt war der Baum nur noch ein kahler nackter Stamm. Aber das Leben blieb in ihm und mit dem Leben auch die Liebe. Der Mann baute sein Haus, ohne sich auch nur einmal bei dem Baum zu bedanken. Er lebte darin, ohne zu begreifen, was da um ihn war, ihn hüllte. Und wieder vergingen so die Jahre. Viele Jahre - ohne dass er wiederkam. Der Baum stand da, wartete und wartete. Gerne hätte er nach ihm gerufen, aber weder Zweige noch Blätter waren da, die ihm die Kraft dazu hätten geben können. Der Wind wehte zwar, doch war der Baum noch nicht einmal mehr fähig, dem Wind mit seinen Zweigen eine Botschaft zuzuflüstern.

Und dennoch: In seinem Inneren hallte nur das eine Gebet wieder: „Komm, mein Liebling, komm." Aber nichts geschah.

Die Zeit ging dahin und der Mann – war nun alt geworden. Eines Tages kam er und stellte sich neben den kahlen Stamm. „Ich bin so glücklich, dass Du doch noch zurückgekommen bist, nach so langer Zeit.", flüsterte stimmlos der Baum. „Was kann ich tun für Dich?"

Der alte Mann sagte: „Ich bin nun alt und will in ferne Länder reisen, um dort mehr Geld zu verdienen. Dazu aber brauche ich ein Boot." Da verspürte der Baum übergroße Freude und aus vollstem Herzen sagte er: „Wie wunderbar, dass Du das sagst! Sieh, das ist kein Problem, mein Herz. Nimm meinen Stamm, baue Dein Boot daraus. Du machst mich glücklich, wenn ich Dir helfen kann ferne Länder zu bereisen, um zu bekommen, was Du haben willst. Doch werd´ ich immer sehnsüchtig warten, darauf, dass Du wiederkommst, zu mir zurück."

Der Mann sägte dem Baum den Stamm ab, machte ein Boot daraus und segelte davon.

Jetzt ist der Baum ein flacher kleiner Baumstumpf, der darauf wartet, dass der Mann zurückkommt. Er wartet, und wartet wohl vergebens. Der kommt kaum je zurück, denn da gibt´s nichts mehr zu holen – und der Baum, der hat nichts mehr zu geben.

Eines Abends, liebe Freunde, ruhte ich mich in der Nähe dieses Stumpfes von meinem Spaziergang aus und – er flüsterte mir zu: „Kennst Du meinen Freund? Er ist noch immer nicht zurückgekommen und ich mache mir Sorgen, dass er vielleicht im Meer ertrunken oder in fernen Ländern umgekommen ist. Hast Du irgendetwas von ihm gehört? Mein Leben, es geht zu Ende, und so ich Nachricht von ihm hätte... so könnt ich glücklich sterben."

Euer Leben kann wie dieser Baum werden, der seine Zweige in den Himmel streckt, sodass alle darunter Schatten finden. Und wenn ihr eure Äste niederbeugt, sodass alle von euren Früchten essen können, dann werdet auch ihr die Liebe sein. Liebe kennt keine Schrift, keine Regel, keine Dogmen und Prinzipien. Liebe ist – einfach da. Wenn ihr in meine Augen schaut, könnt ihr sie dann sehen...? Vielleicht fühlt ihre sie, wenn ich die Arme ausbreite...

Das Ego, liebe Freunde, ist auf ewig Bettler, stets fordernd nur und stets nur nehmend. Liebe aber gibt, verschwenderisch. Ihre Sprache ist – Gabe. Da ist nichts Königlicheres als – Liebe!

Gut und schlecht

Noch immer gibt es Menschen, die zu wissen glauben, was gut und was schlecht, was richtig und was falsch ist. Dies würde mich gar nicht so bedrücken, wenn unter diesen Schwarz-Weiß-Denkern nicht gar so viele Spiritualisten, Esoteriker, Philosophen, Psychologen und religiöse Menschen wären. Gut oder schlecht liegen immer, wie auch schön und hässlich, im Auge des Betrachters! Bewertungen sind immer eine sehr persönliche Sache. Sie sind niemals objektiv zu klären, sondern basieren immer auf den entsprechenden Bewusstseinsfiltern, den persönlichen Glaubensmustern oder den gegenwärtigen Moralvorstellungen der Menschen. In Wirklichkeit existieren sie jedoch nicht, deshalb verändern sie sich meistens auch im Laufe eines Lebens oder im Rahmen verschiedener Gesellschaftsschichten oder Kulturen. Doch was steckt dahinter? Weshalb wollen die Menschen immer wissen, was gut und was schlecht ist? Woher kommt das denn?

Es kommt daher, dass die Menschen intuitiv wissen, dass wenn nichts richtig und nichts falsch ist, nichts gut oder schlecht ist, sie ganz alleine entscheiden müssten, was sie tun und sie es auch ganz alleine wären, welche die Verantwortung für das tragen, was sie tun oder unterlassen. Alle möchten zwar die Macht über ihr Leben haben, aber die Verantwortung will keiner. Ja, sie wissen intuitiv genau, dass es viel einfacher ist – was natürlich nicht stimmt – wenn sie sich nach gewissen Regeln und Gesetzen richten können, die ihnen die Entscheidung dafür abnehmen, was gut und was schlecht ist. Sie haben dann immer für alles eine Ausrede, sie sagen dann zum Beispiel: „Ich musste in den Krieg ziehen...", oder: „Ich konnte ja nicht anders...", oder: „Gott will es so...", oder: „Der Pfarrer hat gesagt...", oder: „Mein Arzt hat mir dazu geraten...", oder: „Ich wollte ja nicht, aber...", oder: „Mein Guru hat gesagt...", oder: „Die Engel haben gesagt...", oder: „Es ist ein geistiges (oder irdisches) Gesetz, dass..." oder: „Ich konnte mich nicht wehren..." und so weiter und so weiter...

Nun mal ganz ehrlich, erkennst Du Dich wieder? So ein Verhalten zeigt auf, dass es den Menschen viel lieber ist, Opfer zu sein als Täter. Denn das Opfer kommt extrem gut weg in unserer Welt, trägt keine Verantwortung, im Gegenteil, es wird von allen mit Aufmerksamkeit versorgt, mit Mitleid. Zeitungen und Fernsehen berichten darüber und manchmal werden sie sogar finanziell beschenkt oder belohnt – sie nennen es jedoch ‚Entschädigung' – und es wird eigentlich alles getan, um das Opfersein zu etwas Lohnenswertem zu machen.

Dass mit einer ‚Ent-Schädigung' der Schaden jedoch nicht weg zu bringen ist, scheint sie gar nicht zu interessieren. Natürlich, es lindert den Schmerz momentan, aber die Verletzung wird nicht geheilt, sie bleibt. Doch unbewusst erschafft sich ein Opfer schon wieder eine neue, ähnliche Situation, da es so vom Leben doch noch etwas abbekommt. Man kennt das zum Beispiel von misshandelten Kindern, wenn ein Kind keine oder zu wenig Aufmerksamkeit – und die ist nicht in Stunden zu berechnen, sondern in Präsenz - bekommt, dann holt es sie sich unter Umständen anstatt durch besonders ‚gute' Leistungen, mit besonders ‚schlechten' Leistungen. Und selbst, wenn es von einem Elternteil sexuell missbraucht wurde, versucht das Kind den Betreffenden noch zu beschützen. So beginnen sie schon als kleine Kinder, den Schmerz zu wollen und als Zuneigung, Zuwendung oder gar Liebe zu interpretieren. Wenn dann eines Tages die Ernüchterung, das Erwachen kommt, dann ist es für die Betroffenen gewaltig.

Willst Du jedoch aus Deinem Opferdasein aussteigen, so bleibt Dir nichts anderes übrig, als die Verantwortung für alles, was Du erlebst, erlebt hast und noch erleben wirst, zu übernehmen. Nicht die Schuld, es gibt keine Schuld, sondern die Verantwortung.

Nur wer sich selbst als Schöpfer seiner eigenen Realität erkennt, hat die Chance die Dinge zu verändern. Und zwar nicht im Außen, sondern im Inneren seines Bewusstseins. Denn es ist immer das Bewusstsein, welches unsere Erfahrungen erschafft und es ist immer unsere Betrachtungsweise, die bestimmt, wie wir etwas erleben. Die Dinge sind an sich weder gut noch schlecht, sie sind einfach wie sie sind. Das zumindest ist die Betrachtungsweise eines Meisters, einer Meisterin.

Die Vergangenheit ändern

Hier begegnen wir zuerst einer wortbedingten Grenze: Natürlich scheint die Vergangenheit bereits unabänderlich stattgefunden zu haben. Ich möchte nun auch nicht so weit gehen zu erklären, dass sowohl Vergangenheit wie auch Zukunft jetzt geschieht. Aus quantenphysikalischer Sicht ließe sich dies mittlerweile jedoch beweisen. Zunächst natürlich erst im mikrokosmischen Bereich, aber in Zukunft wird sich auch das Mysterium der Vergangenheit, die Zeit, offenbaren. Dies ist jedoch gegenwärtig nicht Thema.

Wir alle haben in der ‚Vergangenheit' bestimmte Erfahrungen gemacht und gewisse Situationen erlebt. Darin enthalten sind Freude, wie auch Leid. Auch wenn solche Situationen bisweilen sehr weit zurück liegen, so haben sie dennoch oft gravierenden Einfluss auf unser gegenwärtiges Erleben. Vereinfacht sieht das so aus: War die Erfahrung freudig, so versuchen wir dieses Gefühl ständig zu reproduzieren. Wir wollen uns wieder so gut fühlen. War sie schmerzhaft, so versuchen wir jenes Gefühl in Zukunft zu vermeiden. Je älter wir werden, desto mehr werden die vergangenen Erfahrungen unsere Gegenwart bestimmen. Nicht umsonst reden die meisten älteren Menschen so oft von ihrer Vergangenheit. Oft sogar je älter, von desto weiter Zurückliegendem.

Das menschliche Gehirn verfügt über eine Fähigkeit, welche auch zur Qual werden kann. Es vergleicht. Alles, was wir wahrnehmen und erleben, wird blitzschnell mit der Vergangenheit verglichen und zu ihr in Bezug gesetzt. So können wir uns zum Beispiel bei einem lieben Menschen grundlos unwohl fühlen und Abneigung empfinden oder umgekehrt. Unsere Gefühle scheinen dann unbegründet und nicht verständlich zu sein. Aber wenn man die Zusammenhänge erkennt, sind sie durchaus logisch. Indem wir nun also unsere Vergangenheit noch genauer unter die Lupe nehmen und noch tiefgehender integrieren, verändert sich unser gegenwärtiges Erleben essenziell.

Die Menschen ‚bemühen' sich ja oft ein Leben lang etwas zu erreichen oder zu vermeiden, mühen sich ab, ‚öffnen' sich und ‚arbeiten' an sich... leider letztlich ohne Aussicht auf wirklichen Erfolg. Dies lässt sich ändern. Es ist unter anderem von entscheidender Bedeutung, die Wichtigkeit einsehen zu lernen, der Vergangenheit aus der Gegenwart heraus neue, heilsamere Antworten zu geben. Dazu ist Selbsterforschung essenziell! – sowie das Wissen darum, dass das ‚Universum' immer *für* uns arbeitet, auch wenn unser Opfer-Bewusstsein uns das Gegenteil ‚weismachen' will. Auch hier wird Dir FREE SPIRIT wertvolle, befreiende Dienste erweisen – doch davon später. Durch diese Veränderung der Vergangenheit wird sich Deine Zukunft endlich wieder in die Richtung entwickeln, von der Du bisher nur träumen oder auf sie hoffen konntest.

Wir verändern die erlebten Gefühle der Vergangenheit

Wir können zwar nicht Geschehenes ungeschehen machen, aber wir können nicht angenommene Gefühle und Erfahrungen integrieren. Auch wenn wir uns bewusst nicht mehr an alles erinnern können, so weiß unser Bewusstsein dennoch alles.

Eine weitere interessante Ansicht vertrete ich in Bezug auf das menschliche Gehirn: Es registriert alles und viel mehr und kann nichts vergessen. Dies scheint wohl ein Mangel zu sein, wäre es manchmal doch so schön und hilfreich, gewisse Erfahrungen einfach vergessen zu können... Das Gehirn kann das nicht. Doch wir Menschen haben dem Abhilfe geschaffen und tatsächlich eine Lösung dafür gefunden: Wir schauen einfach nicht hin. Wir stellen uns blind oder vergesslich oder dumm. Und wie machen wir das? Indem wir nicht leiden wollen. Du kannst fast alle Menschen fragen, ob sie gerne leiden und sie werden einhellig ‚nein' sagen. Nein heißt: Da möchte ich nicht hinschauen. Somit bauen wir uns viele ‚Dunkelkammern', Bereiche im Gehirn, welche mit angstvollen ‚Neins' zuverlässig verschlossen wurden. Nun, der Schlüssel zum Öffnen dieser verschlossenen Bereiche, das Passwort für diese geschützten Bereiche unserer ‚Festplatte' heißt: ‚JA'!

Sein eigener bester Freund werden

Selbstverleugnung – und ihre fatalen Folgen

Meist beginnt es ganz unscheinbar. Vielleicht möchtest Du eigentlich bloß einigen vermeintlichen Schwierigkeiten aus dem Weg gehen, doch letztlich führt es ins Desaster. Menschen, die sich selbst verleugnen, geben vor, es anderen recht machen zu wollen, doch in Wahrheit sind sie nur darauf bedacht, es sich selbst leicht zu machen. Menschen jedoch, die es sich leicht machen wollen, haben Widerstand gegen komplizierte, schwere Lebenssituationen. Und das bedeutet, dass sie sich mehr und mehr gerade in diese Situationen hineinmanövrieren. Es entfaltet sich ein Leben voller Abhängigkeit, Halbwahrheiten, Verwirrung und Unzufriedenheit. Dies ist das Resultat des Erschaffens einer Realität durch Widerstand.

Ja, man wählt den ‚einfachen' Weg, um kurzfristige Vorteile zu erwerben, doch langfristig gesehen sind diese Vorteile Schritte in ein modernes Sklaventum. Man tut nicht mehr einfach das, was man tun möchte, sondern begrenzt sich mit der Furcht, dass man eigene Vorteile verlieren könnte. Dies ist eine Form von Erpressung, die man sich selbst in die Wege geleitet hat. Auch wenn es ganz harmlos begann, so wirken sich doch die längerfristigen Resultate gravierend auf die Lebensqualität aus. Du wirst mehr und mehr unfrei in Deinen Entscheidungen und Handlungen.

Deine eigene Entwicklung, Deine Hobbys und Bedürfnisse werden beschnitten und am Ende Deines Lebens wirst Du feststellen, dass von all den Menschen, die Du kennst, einer zu kurz gekommen ist, nämlich Du.
Die ganze Zeit davor hast Du Dich jedoch mit dem Gedanken über Wasser gehalten, dass es dann und dann, so in ein paar Jahren, von alleine vorüber geht. Und Du kannst es auch immer gut begründen; ...dann ist mein Kind älter, dann läuft das Geschäft besser, dann bin ich in einer anderen Position, dann wird der sowieso pensioniert, bis dann ist er oder sie bestimmt verstorben, dann wird die wirtschaftliche Situation besser sein, dann werde ich mehr Geld haben, dann... dann... dann... Aber in der Zukunft hört es niemals auf. Entweder es hört jetzt auf, oder nie. Denn die psychischen Hintergründe, welche die jetzige Situation erschaffen haben, erschaffen auch Deine zukünftige. Und zwar nicht weniger krass, sondern eher mehr.

Wenn Du einmal lügst, entstehen weitere Lügen. Wenn Du einmal nicht zu dem stehst, was Du wirklich willst, wirst Du es immer wieder tun. Am Schluss wirst Du Sklave oder Sklavin Deiner Umwelt sein. Du wirst zu einem Anpasser, der sich ständig verbiegen muss, um durchs Leben zu kommen. Und damit dies nicht allzu deprimierend für Dich wird, wirst Du halt in anderen Gebieten Deinen Eigenwillen durchsetzen. Leider oft dort, wo es tatsächlich besser und hilfreicher für Dich gewesen wäre, auf andere zu hören. Dies wird aber Deine Erfahrungen von misserfolgreich-sein nur vermehren und am Ende flüchtest Du in die Verwirklichung von Äußerlichkeiten, wie Aussehen, Sport, Unterhaltung, Geld und Prestige. Du bezahlst dafür jedoch einen viel zu hohen Preis. Ja, Du bezahlst mit Deinem Leben dafür. Mit Deinem Leben, welches so frei, freudvoll und erfolgreich hätte sein können... Ja, Du verschenkst damit die beste und einzige Zeit, die Du hast, die Gegenwart.

Natürlich glaubtest Du Dich in einer ausweglosen Situation, deren einzige Lösung der Kompromiss wäre, aber Du handelst in solchen Momenten gegen Dein Selbst. Du ignorierst Deine eigene Intuition und wenn Du das oft genug praktiziert hast, bleibt sie bald für immer im Hintergrund. Was soll sie auch, nachdem Du sie ja sowieso meist übergehst...? Und von nun an, wird Dein Leben nicht mehr von Deinem Höheren Selbst oder Deinem Herzen geleitet, sondern von einem feigen Verstand, der stets bloß den Weg des geringsten Widerstandes sucht. Deine Intuition muss dem Denken weichen und einem Verstand das Feld überlassen, der die wirklich wichtigen Dinge des Lebens gar nicht verstehen kann.

Bezeichnend für ein solches Verhalten ist, dass Du in Deinem Leben immer ernster wirst, immer mehr denken und berechnen musst, und dass es nicht leicht sein wird für Dich, alle Anforderungen des ‚Abhängigen-Lebens' zu bewältigen.
Kompromisse zu machen, die Deinem Inneren widerstreben, ist keine einmalige Sache. Vor langer Zeit hast Du damit angefangen, ohne dass Du es bemerkt hättest.
Denn dies ist die Notfalltaktik für Menschen, Liebe zu bekommen. Es beginnt schon sehr früh in der Kindheit. Meist entstand es zur Kompensation oder Liebesrückgewinnung eines Elternteils oder Partners. Auch um die Freundschaft seiner Freunde zu gewinnen war diese Methode geeignet. Bloß, solche Freundschaften sind unfrei und nicht von Dauer. Sie dauern nur gerade so lange, wie niemand genau das durchsetzt, was er möchte. Wenn Du das tun würdest, dann würdest Du sehr schnell bemerken wie rar echte Freunde sind.

Um echte Freunde zu finden, musst Du zuerst Dein eigener Freund werden.

Du musst zuerst lernen, Dich nicht selbst, auch nicht auf subtilste Art und Weise, zu hintergehen. Schließe Frieden mit Dir und hab keine Furcht vor dem, was kommt. Du kannst sicher sein, es kommt niemals so schlimm, wie es käme, wenn Du so fortfährst. Dein Schicksal liegt in Deiner Hand, wenn Du die Verantwortung übernimmst und den Mut hast, zu Dir zu stehen. Denn so gerne Du auch zu anderen stehen würdest, es ist Dir nicht möglich, solange Du nicht zu Dir selbst stehen kannst. Und wenn Du Kinder hast oder Schüler, dann überlege Dir gut, welches Beispiel Du ihnen vorleben willst. Denn sie bekommen diese Dinge genau mit, und sie werden Dich kopieren. Somit obliegt Dir eine große Verantwortung. Du lieferst ihnen mit Deinem Verhalten einen Archetypus, den sie später im Leben nur schwer verändern können – wenn überhaupt. Es liegt also an Dir, die Zukunft der Menschheit mitzugestalten, ihre Geschicke in eine ehrlichere und erfolgreichere, glücklichere Bahn zu lenken oder mit zu schwimmen im großen Strom der angepassten Individualisten, welche einstmals, nach einem mehr oder weniger erfolgreichen Leben, in die geistige Welt übertreten und bemerken, dass sie ihr Leben vertan haben. Sie schreien förmlich nach einer Wiedergeburt und sie schwören sich, es diesmal besser zu machen. Doch kaum reinkarniert, scheinen sie alles wieder vergessen zu haben und wählen wieder den Weg des geringsten Widerstandes. Du siehst, ich weiß, dass es nicht einfach ist. Doch gerade deshalb empfehle ich Dir, die nötigen Veränderungen jetzt durchzuführen. Es war nie leichter als gerade jetzt!

Du musst es nur entscheiden, ja, Du musst Dich nur einmal wirklich für Dich entscheiden und glaube mir, es ist kein Egoismus, auch wenn es Dir so erscheinen mag, Egoismus wäre, es nicht zu tun und so weiterzumachen wie bisher.

Wenn Du Überdurchschnittliches vollbringen möchtest, darfst Du nicht durchschnittlich denken. Wenn Du aus der Masse der Menschen als Mensch hervorragen willst, musst Du auch bereit sein Neues zu wagen. Um Unkonventionelles zu leisten, darfst Du nicht konventionelle Wege beschreiten. Du musst einen neuen, eigenen Weg finden und gehen, einen individuellen, der genau Deinem Wesen angepasst ist. Dann wirst Du erfolgreich sein können, ohne Dich selbst zu verleugnen, und nur das macht Spaß, macht wirklich Freude. Wer in dieser Welt Geschichte machen will, muss seine eigene Geschichte leben und darf nicht Teil der Geschichte einer bestehenden Menschheit werden. Nein, er muss die Geschichte neu schreiben! Du brauchst Dich auch nicht an so genannte ‚festgelegte Regeln' der Menschheit zu halten. Es reicht, wenn Du das Minimum der Regeln, welches wirklich sinnvoll ist, beherzigst.

Wir wollen ja nicht mit dem Gesetz in Konflikt kommen, aber sich an irgendwelche Traditionen und all die alteingesessenen Verhaltensweisen zu halten, nur um nicht aus der Reihe zu tanzen, lässt Dich weiterhin durchschnittlich bleiben und begrenzt Deine vielfältigen Möglichkeiten gewaltig. Oberstes Gebot wäre: Mut. Mut unkonventionell zu sein, Mut individuell zu sein, Mut neue Wege zu beschreiten, Mut Dich aus der Masse hervorzuheben, Mut belächelt zu werden, Mut angegriffen zu werden, Mut Deinen eigenen Weg zu gehen und alles in Kauf zu nehmen, was Dir auf Deinem Weg begegnet.

Sicher, Du kannst es sehr wohl weiterhin so tun, aber dadurch wirst Du kein brauchbares Vorbild – kein Archetyp – für die Welt. Dein Leben bekäme nicht mehr und auch nicht weniger Bedeutung, als das der meisten Menschen. Aber Du bist zu weitaus mehr im Stande! Gott kannst Du für Dein Leben nicht verantwortlich machen, er hat es in Deine Hände gelegt, Du hast den freien Willen, Dich für ein Leben in Abhängigkeit oder Freiheit zu entscheiden. Und wie schon gesagt, es beginnt ganz harmlos... Vielleicht solltest Du doch endlich den Weg Deines Herzens gehen, ohne Kompromisse. Du wirst erleben, wie viel Du dadurch Deinen Mitmenschen an Mut, Stärke und Courage weitergeben kannst. Du wirst sehen, dass Du plötzlich alle Menschen um Dich herum ermutigst, auch ihren Weg zu gehen und Du wirst sehen, dass einer nach dem anderen mehr Glück und Zufriedenheit, Liebe und Erfolg in seinem Leben haben wird. Durch Dich!

Ja, auch das beginnt meist ganz unscheinbar, so wie ein Lächeln, das sich von einem zum anderen, wie ein Lauffeuer um die ganze Welt lächelt. Doch es kann nur einer sein, der den Anfang macht: ‚*Du*'!

Die ultimative Antwort

Die ultimativen Fragen menschlichen Bewusstseins lauten: Wer bin ich? Was ist *Gott*? Woher komme ich? Wohin gehe ich? Diese Fragen stellen ein Ur-Bedürfnis der meisten Menschen dar und beschäftigen daher – in der einen oder anderen Form – fast jeden. Die Antworten sind relativ einfach. So einfach, wie es einfach ist zu verstehen, dass auch ‚relativ' selbst relativ ist. Das ist doch einfach oder? Obwohl, auch ‚einfach' ist relativ... kannst Du mir folgen?

Also, die Antwort lautet: ***Free Spirit.*** Das ist es, wer Du bist, woher Du kommst, wohin Du gehst und was *Gott* ist.

Nun, Du hast bestimmt schon mal jemanden sagen hören, dass Du *Gott* seiest. Du hast sicherlich schon davon gehört, dass wir eins sind. Aber irgendwie klingt das für Dich widersprüchlich. Du bist doch kein alter Mann mit wallendem weißem Bart und langen Haaren, oder? Natürlich nicht. Du bist Du und Du wirst niemals etwas anderes sein können als Du selbst. Allerdings lässt sich das *Du* verwandeln und kann völlig im *Selbst* aufgehen. Es ist so wie mit einem Tropfen, der in den Ozean fällt. Der Tropfen ist weg, seine Information jedoch noch da. Er ist zum Meer selbst geworden und hat es gar noch bereichert. Somit wird der Free Spirit nicht bloß in jedem Augenblick größer, sondern auch bewusster und immer noch vollkommener. Und dies sogar ungeachtet dessen, dass er schon immer vollkommen war, ist und sein wird.

Du siehst also, diese Sichtweise ist alles andere als frei von Widersprüchen. Aber eigentlich ist dies gar kein Widerspruch im eigentlichen Sinne. Wir bezeichnen es nur dann als solchen, wenn wir es mit unserem Verstand nicht zustande bringen, gewisse Dinge, Ansichten und Standpunkte miteinander zu vereinen. Die meisten Menschen können nicht mit Widersprüchen umgehen, geschweige denn mit ihnen Sein. Aber, das Bewusstsein von dem hier die Rede ist, ist eben nicht mehr das alte, verstandesmäßige Bewusstsein von Ja und Nein, von Richtig und Falsch oder Schwarz und Weiß.

Es handelt sich nicht um ein Entweder-oder-Denken, sondern um ein Sowohl-als-auch-Verständnis. Tja, und das fordert die Menschen natürlich heraus. Und in der Tat, FREE SPIRIT ist eine Herausforderung!

Free Spirit, der große, freie Geist, den man früher einfach als *Gott* bezeichnet hat, manifestiert sich gegenwärtig in ungeahntem und schon lange Zeit nicht mehr da gewesenem Ausmaß. Wir befinden uns inmitten einer Wendezeit. Alles wird anders, die Möglichkeiten werden unbegrenzt und die Bewusstwerdung der Menschheit steht vor der Tür. Wir leben bald nicht mehr in einer Welt der Dinge, sondern in einer Welt der unbegrenzten Möglichkeiten.

Der Free Spirit erfüllt jeden Wunsch

Ja, das ist doch wirklich wundervoll. Der universelle Geist erfüllt Dir jeden nur erdenklichen Wunsch. Das Universum ist ein Organismus, dessen Aufgabe darin besteht, alles was wir denken, fühlen und uns vorstellen können, zu reflektieren. Manchmal reflektiert er es uns auf der Traum-Ebene und manchmal auf der so genannten Realitäts-Ebene des materiellen Daseins. Meist nehmen die Menschen, durch ihre Unbewusstheit oder Unkenntnis der Funktionsweise des Bewusstseins keinen Einfluss auf die Verwirklichungsebene. Doch auch hier ist Wissen Macht, wenn man macht, was man weiß.
Das menschliche Bewusstsein sendet Informationsteilchen, vergleichbar den Lichtquanten, ins Universum aus, welche wie kleine ‚Magnetchen' Gleichartiges an sich ziehen. Dies tun sie so lange und mit solcher Konsequenz, dass es immer bloß eine Frage der Zeit und der jeweiligen Ebene ist, in der sie sich als Realität manifestieren können, ja sogar müssen. Zu wissen, wie das funktioniert, wäre doch wohl kein Schaden für Dein Leben oder? Nun, das lernst Du ausführlich und mit Leichtigkeit im Laufe der FREE SPIRIT-Kurse (Grundkurs, FLY und Awakening). Bevor Du Dich jedoch vertrauensvoll in unsere Obhut begeben willst, solltest Du Folgendes wissen:

Von der Raupe zum Schmetterling

Der spirituelle Schüler gleicht einer Raupe, der Meister dem Schmetterling. Der Meister kann dem Schüler niemals verständlich machen, was er meint. Er kann ihm zwar von seinen Erlebnissen und Erkenntnissen berichten, aber so wirklich wird der Schüler dies nicht verstehen können. Der Schmetterling kann der Raupe nicht helfen.

Stell Dir vor, der Schmetterling berichtet vom Fliegen, von den wunderbaren Wiesen und Blumen, von der Weite des Himmels und davon, wie er sich vom Winde tragen lässt. Das ist ja alles schön und gut, aber die Raupe weiß nichts damit anzufangen.

Der Meister muss dem Schüler Lust auf ganz bestimmte Erfahrungen machen. Das ist das Einzige, was er tun kann. Der Meister lehrt nicht, wie fälschlich angenommen, die Wahrheit, das geht nicht. Er vermittelt vielmehr Energie und dient als Katalysator um den Schülern gewisse Erfahrungen zu ermöglichen. Der Meister weiß, dass die Wahrheit nicht gesagt, sondern bloß erfahren werden kann.

Die Raupe existiert, im Gegensatz zum Schmetterling, als Ego. Dies macht sie so unfrei und erdverhaftet. Sie hat keine Flügel und weiß nichts von der Leichtigkeit des Lebens. Höhepunkt eines solchen Daseins ist die Selbstverhärtung, welche in einer starren Verpuppung endet. Nun ist die Raupe vollkommen abgetrennt und isoliert von der Welt. Sie wird gänzlich auf sich selbst zurückgeworfen und wird so lange keinen Ausweg mehr finden, bis die ultimative Transformation geschieht und sie förmlich aus der Schale, dem Gefängnis ihres Egos, aussteigt. Ohne diese Verwandlung bleibt ihr nichts anderes übrig, als von einem besseren Leben in Freiheit zu träumen und es wird auf ewig ein Traum bleiben.

Der Unterschied zwischen Raupe und Schmetterling ist, dass die Raupe nicht weiß, dass sie in Wahrheit, im Kern ihres Seins, ein Schmetterling ist. Der Schmetterling jedoch weiß, dass er eine Raupe gewesen, jetzt aber ein Schmetterling ist. Der Meister ist sich seiner selbst bewusst, der Schüler noch nicht. Erst wenn Du Dich Dir selbst gegenüber enthüllt und aus dem Kokon Deines Egos hinausgeschlüpft bist, kannst Du Deine Flügel ausbreiten und Dich wahrhaft über Dein bisheriges Raupendasein emporschwingen. Das Einzige was der Schmetterling tun kann, um der Raupe zu helfen, ist, er kann vor ihr in der Luft, im Lichte der Sonne, tanzen. Er kann vor ihr von Blüte zu Blüte fliegen, sich am wundervollen Nektar laben und seinen luftigen Lebenstanz genießen. Der Meister kann, indem er einfach lebt sich dem Fluss des Augenblickes hingeben und der Raupe ein Beispiel sein. Je länger eine Raupe den Schmetterling beobachtet, ihm zuschaut und seine Lebensfreude, seine gelassene Leichtigkeit und sein Urvertrauen bewundert, desto eher keimt der Wunsch in ihr, Schmetterling zu werden. Ja, nun hat der Meister des Schülers Sehnsucht nach Freiheit, nach Freisein geweckt. Dies ist das Einzige, was er für ihn tun kann. Und wenn die Sehnsucht der Raupe den Zenit erreicht hat, dann beginnt die Transformation.

Und es ist nicht so, dass der Raupe dann gleich Flügel wachsen. Was will denn eine Raupe schon mit Flügeln?! Hm... eine geflügelte Raupe... ich glaube nicht, dass sie zum Fliegen geeignet wäre... Nein, das Wunder der Verwandlung beginnt damit, dass der Schüler in einen tiefen, ja den tiefsten Abgrund steigt. Er verpuppt sich, er kehrt in sich ein, so tief wie nur irgend möglich! Er leidet, verzweifelt und droht vor Schmerz wahnsinnig zu werden. Nicht vor körperlichem Schmerz, sondern seelischem Leid. Er fühlt den Schmerz eines Schmetterlings, welcher unendlich lange als Raupe sein Dasein verbracht hat. Dieser ‚Schmerz' ist Beginn der Erleuchtung.

Somit muss der Meister seinen Schüler in den Schmerz hineinführen. Er tröstet nicht, er beruhigt nicht, im Gegenteil. Es ist höchst beunruhigend einem wahren Meister zu begegnen. Er wird Dein Leben zerstören, keinen Stein auf dem anderen belassen und Dich an die Grenzen Deiner Grenzen bringen. *(Du kannst Deinem Meister im Leben irgendwo im ‚Außen' begegnen, aber auch in Deiner Mitte, in Dir selbst.)*

Ja, der Raupe wird es Angst machen sich vorzustellen zu fliegen. Sie sieht bereits ihren Tod, ihren Absturz vor dem geistigen Auge und wird sich mit allen Mitteln zu wehren versuchen. Doch der Meister antwortet nicht auf die Raupe, sondern auf den Schmetterling in ihr. Der Meister spricht nicht zum Schüler, denn im Schüler liegt kein Verständnis dafür, er spricht zum Meister – zum Meister in Dir –, als Meister zum Meister.

Er weiß, dass Dein höheres Bewusstsein, wenn es gegenwärtig auch noch unbewusst ist, ihn trotzdem versteht. Deshalb scheint es, als würde der Meister Deine Fragen nicht beantworten... die Raupe fühlt sich unverstanden vom Schmetterling... Und deshalb besteht die größte Herausforderung darin, dem Meister zu vertrauen. Er weiß, wer er ist und somit weiß er auch, was er tut. Die Raupe weiß das nicht und sie weiß auch nicht, dass sie das nicht weiß. Erinnere Dich: „Herr vergib ihnen, denn sie wissen nicht, was sie tun..." Nur ein Meister kann solches, ohne Bewertung, sagen. Ja, selbst wenn der Schüler sich gegen den Meister auflehnt, ihn verleumdet, ans Kreuz nagelt, foltert und umbringt, selbst dann strömt die vergebungsvolle Liebe aus seinem Herzen zu Dir. Der Meister ist in der Tat wie ein Schmetterling, selbst aufgespießt, tot und hinter Glas weckt er in den Menschen den Sinn für Schönheit, Anmut und Freude. Durch nichts lässt sich die Schönheit einer verwandelten Raupe mehr aufhalten. Der Schmetterling existiert nicht mehr als Ego, er ist keine Raupe mehr und wurde sich bewusst, dass er auch nie eine gewesen ist.

Er hat sein wahres Sein verwirklicht und ist in eine Schönheit eingetaucht, welche durch nichts zerstört werden kann.

Der Schmetterling kann nicht lesen

Die Raupe ernährt sich von Blättern, welche symbolisch für das hungrige Lesen der Suchenden steht. So wie Du gerade eben diese Zeilen liest, kriechst Du mit Deiner Aufmerksamkeit über ein Blatt und isst es. Du nimmst es in Dich auf. Es ist Deine Nahrung. Der Schüler sucht die Wahrheit in Büchern anstatt im Leben. Er braucht heilige Schriften, die Bibel, den Koran, die Veden oder eine Baghavat Gita. Der Meister jedoch - ein Schmetterling - kann nicht lesen. Er kann fliegen! Alle Schriften, alle Vorstellungen, alle Religionen und Weisheitslehren dienen bloß dazu, Dich unfrei und gläubig anstatt religiös zu machen. Sie geben vor den Weg zu *Gott*, den Weg in die Freiheit zu kennen... Letztlich führen sie jedoch alle in pseudo-religiöse Gefängnisse, aus denen es nicht leicht ein Entrinnen gibt. Die Meister sind gekommen, die Schriften, Religionen und Doktrinen zu zerstören. Sie sind gekommen und kommen noch, um Dein Gehirn von allen Indoktrinationen zu befreien. Deshalb werden sie gefürchtet; vor allem von den religiösen Führern, den Päpsten, Kardinälen, Priestern und Schriftgelehrten. Denn ihnen geht es nicht um Deine Erleuchtung, nicht um Deine Verschmelzung mit *Gott* und darum, dass Du Deine eigene Göttlichkeit erkennst, sondern um Macht. Ein Schmetterling lässt sich nicht an Blättern festketten, er isst nicht einfach das, was ihm vorgesetzt wird, er fliegt... und er sucht sich die besten Blüten, nur die allerbesten Blüten als Nahrung aus. Lieber isst er nichts als etwas, was ihn umbringen würde!

Ein Schmetterling fliegt nur deshalb so leicht und zart, so anmutig und verspielt, weil er nicht mit all dem Unrat belastet ist. Er hat alle Begrenzungen abgelegt und bemüht sich nicht, sie wieder in sich aufzunehmen. Er hat dadurch sozusagen das Lesen verlernt oder besser gesagt, abgelegt. Das Leben selbst ist zu seinem Meister geworden. Er kümmert sich nur noch um die Essenz, welche alles durchdringt und zu der er selbst geworden ist. Er fühlt sich nun wie ein Tropfen, der ins Meer gefallen ist; er ist zum Meer, zum Leben selbst geworden! Von diesem Augenblick an, auf dieser Existenzebene, benötigt er weder eine Philosophie noch einen ihm übergeordneten, personifizierten *Gott*. Ihm sind nicht mehr die Blätter (Bücher) heilig und auch keine anderen Ideen, Vorstellungen und Konzepte. Für ihn, den Schmetterling, den Meister, ist einzig und alleine das Leben selbst heilig.

Und in dieser Heiligkeit genießt und fliegt er wissend, dass alles *Gott* ist und es ihm niemals an etwas mangeln wird.

Erleuchtete tragen keine Masken und Kostüme mehr. Man kann sie nicht ‚entlarven', denn das haben sie bereits selbst besorgt – bevor sie als Schmetterlinge schlüpften. Es gibt kein wahres Gesicht mehr zu entdecken. Erleuchtung kommt zustande, wenn alle Masken abgelegt werden. Mit anderen Worten, ein erleuchteter Mensch ist vollkommen authentisch, frei von Vorstellungen über das Leben, sich selbst und seine Mitgeschöpfe und frei von Bewertungen.

Erleuchtete können somit alles Sein, alles fühlen und alles besitzen, aber sie müssen es nicht. Sie sind frei. Frei, weil sie sich nur mit der Gegenwart identifizieren, ihre Rollen bewusst auswählen und sie in jedem Augenblick ablegen können. Sie sind frei und erleben die Freiheit ihres Seins, weil sie unerschütterlich an das Grundrecht des freien Menschen glauben. Sie sind überzeugt davon, dass Gott nur freie Wesen erschafft und somit auch in der Freiheit des Seins am besten erfahren werden kann.

Dies, meine Freunde, ist die Lebensweise eines Meisters und wenn Ihr von solch einem Meister etwas lernen wollt, wenn Ihr selbst Meisterschaft erlangen wollt, dann gebt Euch dem Leben hin und vertraut, dass Ihr, tief in Euch, die Kraft finden werdet, welche Euch das Aufbrechen Eures Kokons ermöglicht. Wer die Hingabe an das Leben lebt, braucht weder eine Religion, noch eine andere Glaubensgemeinschaft, keine Partei, keine Bücher, keine Heiligen, keine Meister und Gurus, denn er hat alles, was er braucht, ja er ‚besitzt' nun alles, was es gibt. Die Ewigkeit ist zur Gegenwart geworden. Wenn Du das erlebst, so fließt Du mit dem Strom des Lebens widerstandslos von einem Augenblick der Erleuchtung zum anderen. Dadurch bist Du Meister Deines Lebens geworden, indem Du Dich in vollkommenem Vertrauen dem Leben hingabst. So einfach ist das.

Also, sei achtsam. Es könnte sonst sein, dass Du einem Meister begegnest und ihn nicht erkennst. Oder, wenn Du ihn erkennst, ihn nicht verstehen kannst. Suche aber nicht zu weit, denn ich kann Dir versichern, er ist näher als Du denkst!

Bin ich der, der ich bin?

Ich sagte zu Beginn, dass ich Bin, der ich Bin. Damit meinte ich jedoch nicht, dass ich Bruno P. Würtenberger bin! Bruno ist nur eine Lüge. Bruno ist ein Pseudonym für den grobstofflichen Ausdruck meiner Persönlichkeit, aber in Wahrheit bin ich keine Person, sondern ein Wesen. Ja, das Wesentliche an mir ist nicht meine Person, sondern das, was sie ausmacht. Falls Du mal die Ursache all Deiner Probleme suchen solltest, dann findest Du sie nicht in Dir – in dem Sinne, was Du wirklich bist – sondern darin oder dort, wo Du glaubst, dass Du es bist. In Deiner Identifikation mit Deiner Person. Deine Person ist Sinnbild Deines Verstandes, nicht Deines Wesens. Wir sind also alle nicht das, wofür wir uns auszugeben pflegen. Wir haben uns dummerweise bloß mit unserem Kleid identifiziert anstatt mit dem, das dieses Körperkleid als Vehikel benutzt.

Wenn Du also wissen möchtest, wer oder was Du wirklich bist, dann musst Du tiefer gehen. Du wirst in einen Bereich vordringen müssen, der jenseits des Verstandes liegt. Wenn Du von dort wieder auftauchst kann es gut sein, dass Du keine Worte finden wirst, um das, was Du Bist, beschreiben zu können. Dann hast Du den Bereich des Free Spirit gestreift. Es ist die Ebene, der Zustand jenseits der Worte. Du wirst Dich selbst als etwas erkannt haben, was größer, weiter und tiefer ist als Du es Dir jemals hättest vorstellen können. Und das, genau das ist es, was Du in Wirklichkeit Bist.

Du bist die Stille. Davon handeln auch meine folgenden Worte, welche ich vor einiger Zeit als Newsletter den FREE SPIRIT-Trainern und Trainerinnen zukommen ließ.

Stille – Die Sprache des freien Geistes

Manchmal, wenn Du anfängst jemandem wirklich nahe zu kommen, bemerkst Du, dass Du still wirst. Ja, Stille breitet sich aus. Sie breitet sich immer und überall dort aus, wo echte Beziehungen entstehen. Stille ist Liebe.Du bist es gewohnt, oberflächliche Beziehungen zu leben. Du kennst die Tiefe, die Intimität zweier sich in der Stille begegnenden Seelen nicht. Und manchmal, wenn Du einen leichten Geschmack einer solchen Verbindung, einer solch intimen Beziehung zu einem anderen Menschen erheischen kannst, fühlst Du Dich möglicherweise sogar unwohl. Stille ist peinlich.

Stille bedeutet oft, dass man nicht weiß, was man sagen soll. Stille bedrückt Dich vielleicht sogar.

Doch es gibt keine andere Sprache, die besser dazu geeignet wäre, alles zu sagen, als die Stille. Manchmal begegnest Du dieser Stille beim Betrachten eines Sonnenuntergangs oder beim Einatmen des Duftes einer Blume, beim Lauschen auf das Plätschern eines Baches oder beim Hören angenehmer Musik.

Stille ist die Sprache des Geistes, der Atem der Seele und die intimste Beziehung zu allem was ist; ja, Stille ist die Gegenwart *Gottes*.

Es sind diese Momente, in denen Du den Dingen wirklich nah bist. In diesen stillen Augenblicken kannst Du erfahren, was es heißt, in Beziehung zu etwas oder jemandem zu sein. In dieser momentanen Stille kannst Du Intimität erleben.

Du willst etwas Besonderes sein?

Du willst einen besonderen Menschen, besondere Tiere, Pflanzen und Dinge um Dich haben. Du suchst ein Leben lang danach, wen oder was Du vollkommen lieben könntest... Bis Du eines Tages bemerkst, dass alles, jeder Mensch, jedes Tier, jede Pflanze und jedes Ding etwas absolut Besonderes ist. Alles ist besonders, zumindest all jenes, dem Du Dich in den Augenblicken absoluter Stille hingibst.

Du selbst wirst in dem Maße besonders, indem Du etwas oder jemand anderes als besonders betrachtest.

Wenn Du mit jemandem eine Beziehung eingehst, ist diese meist nur oberflächlich. Du unterhältst Dich über belanglose Dinge, wie das Wetter, die Arbeit, Geld, Mode, Sport usw. Dies ist bloße Zeitverschwendung, ein langweiliger Zeitvertreib, um echte Intimität zu verhindern. Doch wenn Intimität entsteht und man anfängt sich dem anderen wirklich nahe zu fühlen, gewinnt plötzlich alles an Bedeutung. Jedes Wort, jeder Blick, jede Bewegung und jedes Schweigen.

Immer wenn Nähe, Liebe entsteht, taucht Stille auf. Kurz davor tauchen Deine Ängste, Zweifel, Unsicherheiten und möglicherweise Neid sowie Eifersucht auf. Das ist normal. Deshalb ist es auch so wichtig, diese Gefühle zu integrieren. Denn so lange sie da sind können Intimität, Stille und somit wirkliche Beziehung nicht entstehen.

FREE SPIRIT hat, unter anderem, das Ziel, diese Integrationsarbeit zu leisten, um die Bahn frei zu machen für das wundervolle Fließen der bedingungslosen Liebe und dafür, dass wieder wahre Intimität zwischen den Menschen und auch im Bezug des Menschen zur Welt entstehen kann.

Das Glück der liebenden Stille erfährt man nicht, weil man etwas hat, bekommt oder indem man geliebt wird, sondern indem man alles gibt, was man hat. Das große Glück ist nicht geliebt zu werden, sondern zu lieben.

Erst wenn man alles gegeben hat, was man besitzt – und Du besitzt nur eines: Liebe –, kann Intimität entstehen und ein ungehindertes Fließen, ein ‚Flow' von Liebe, geschehen. Liebe fließt immer. Sie verlangt nicht, denn sie will bloß geben, deshalb fürchtet sie auch keinen Verlust, denn Verlust für die Liebe ist es, wenn sie nicht lieben kann und nicht, wenn sie nicht geliebt wird.

Für die meisten Menschen bedeutet ‚kommunizieren', zu reden, zu diskutieren, zu philosophieren... Die echte Kommunikation findet jedoch im Herzen statt. Die Stimme des Herzens ist die Stille. Sie spricht immer, sie ist immer da, sie wird bloß von bedeutungslosem Gerede übertönt.

Sprache ist ein sehr primitives Kommunikationshilfsmittel. Mit ihr kann niemals auch nur ansatzweise das vermittelt werden, was die Stille zu sagen vermag. Sprache ist – aus diesem Begreifen heraus – nicht viel mehr als ein ‚Grunzen'. Selbst das Grunzen eines Schweins ist bedeutungsvoller als dieses unablässige Gerede der Menschen.

Je stiller Du wirst, desto mehr wirst Du fähig sein zu lieben.

Wo keine Liebe ist, da braucht es Worte. Sonst versteht man sich nicht. Doch wo Liebe ist, da sind Worte überflüssig. Nicht weil man sich nichts zu sagen hätte, sondern weil Worte nicht das ausdrücken können, was wirklich da ist. Es ist eine neue Dimension, in die man überwechselt, eine höhere Ebene der Kommunikation. Ich nenne sie die heilige Kommunikation, die Kommunion zweier oder mehrerer verbundener Seelen, welche ihre Essenz miteinander teilen.

Wie wird man still? – Wie kann ich lieben lernen?
Es fängt damit an, dass Du Dich selbst akzeptierst und so wie Du bist, zu lieben beginnst. Dies öffnet Dich und macht Dich verletzlich.

Es verschafft Dir Zugang zu Deinem Wesen, zu dem, was wesentlich an Dir ist. Wenn Dir das gelingt, dann wirst Du alles andere ebenfalls akzeptieren und lieben können. Du wirst feststellen, dass alles verletzlich ist, dass alles verwundbar und dadurch einzigartig ist. Die majestätische Schönheit aller Menschen, Tiere und Dinge sowie die wundervolle Liebe von der alles getragen ist, wird Dir allmählich immer bewusster werden.

Und wenn Du erst einmal Dich selber liebst, dann beginnst Du auch wieder das Leben in all seinen Aspekten zu lieben. Dann wird es unnötig sein, sich Gedanken darüber zu machen, wie man sich verbessern könnte. Denn von nun an geschieht Deine Entwicklung wie von selbst, weil sich das Leben in Dir entfaltet. Du hast nun keine Notwendigkeit mehr, ein Idol, ein Ideal, einen Guru, Lehrer, Heiler oder irgendwelche Götter anbeten und verehren zu müssen. Du hast Dich in die unmittelbare Obhut des Lebens selbst gegeben und beginnst nun, Dich mit der Essenz zu vereinigen. Ja, bald wirst Du völlig in ihr aufgehen. Du wirst Dich nicht mehr darum bemühen zu lieben oder geliebt zu werden, still oder nicht still zu sein. Du bist die Liebe, Du bist die Stille selbst geworden. Jetzt ist alles ‚intim'. Und wenn FREE SPIRIT etwas zu teilen hat, dann dies: Liebe und Stille.

Der innere Kreis

Du kannst nicht bloß als Trainer oder Trainerin jederzeit in diesen inneren Kreis der Eingeweihten eintreten. Es ist zwar ein Privileg dabei zu sein, ein Privileg mich zu kennen, ein Privileg mit Free Spirits zusammen sein zu können; jedoch ist es jedem möglich in den inneren Kreis des Lebens einzutauchen. Aber als zukünftiger FREE SPIRIT-Trainer wirst Du immer mehr zu teilen haben und auch teilen wollen. Dafür musst Du erst etwas besitzen. Also kümmere Dich zu allererst um Dich selbst, um Deine Selbstakzeptanz, Deine Selbstliebe, damit Du über genügend Liebe verfügst, um sie mit möglichst vielen Menschen teilen zu können. Eines Tages werden es Dir Tausende von Menschen verdanken. Du wirst ihnen Mut, Hoffnung und Akzeptanz geschenkt haben. Du wirst viele Leben gerettet, und viele Menschen hin zu ihrem eigenen Innersten begleitet haben.

Der größte Dank dafür ist, dass Du Dich selbst immer mehr liebst. Und wie gesagt, je mehr Du Dich selbst lieben kannst, umso mehr kannst Du andere lieben; je mehr Du Dich selbst akzeptierst, umso mehr kannst Du andere akzeptieren.

Ein Free Spirit zu sein bedeutet also nicht, über gewisse Bewusstseinswerkzeuge zu verfügen oder Lehrer, Heiler und Therapeut zu sein, sondern eine bestimmte Lebenshaltung, einen bestimmten Lebensstil zu pflegen. Wenn Du mit uns diese Art zu leben teilst und sie in Deinen Alltag integriert hast, dann bist Du zu einem lebendigen Beispiel für den freien, liebenden und wertschätzenden Geist eines wahrhaftigen Free Spirit geworden. Und nur dies alleine vermag andere Menschen zu beeindrucken! Mehr als tausend Worte, Lehren, Übungen, Konzepte oder Predigten es jemals tun könnten. Du lebst ganz einfach das, was Du Bist. Jetzt hast Du etwas äußerst Wertvolles zum Teilen, nämlich... Dich selbst.

Jetzt sind wir ein Team, ein Team das wirklich In ist; Ein ‚In-Team' oder eben; Intim.

Tja, und worum anderes soll es denn letztlich gehen, als um das Teilen seiner selbst? Wenn Du wüsstest, wie sehr dieser Teil Deiner Liebe, Deines Lächelns, Deiner Kraft und auch Deiner momentanen Traurigkeit gebraucht wird und wie wertvoll Du für das große Ganze bist... Du würdest wohl keinen Augenblick länger zögern und Dich dem Leben voll und ganz hingeben mit allem, was Du bist.

Ich sagte ja schon, dass FREE SPIRIT nicht bloß ein Kurs ist. Es ist in der Tat mehr eine Art zu leben, ein Lifestyle. Es geht im Eigentlichen um die Rückverbindung (Religio) eines vom Ursprung abgetrennten (scheinbar abgetrennten) Bewusstseins zur Quelle allen Seins. Die Quelle, der Free Spirit oder eben *Gott*, sehnt sich nach Dir. Es erwartet Dich jedoch nichts Religiöses, nichts Schein-Heiliges, nichts was Dich dazu zwingt, anders zu sein, als Du bist. Es erwartet Dich die bedingungslose Liebe deren Sehnsucht mittlerweile so stark angewachsen ist, dass sie sich dergestalt auszudrücken vermag, dass ich, als Vertreter oder besser Botschafter so zu Dir sprechen und Dir seine Energie in dieser Form der Worte übermitteln kann und darf.

Missverstehe mich bitte nicht. Ich sage weder, dass ich der Einzige, noch der Auserwählte bin. Es gibt viele Mitmenschen, welche diesen Dienst mit mir teilen! Ich bin einer von vielen und in dem Sinne überhaupt nichts Besonderes.

Sicher bin ich mir meiner Einzigartigkeit bewusst, aber dieses Bewusstsein führt nicht in Überheblichkeiten, sondern eher zu Demut. Doch auch auch hier, bitte diese Worte nicht mit dem alten Verstand interpretieren. Demut hat nichts mit Unterwürfigkeit oder Sich-klein-Fühlen zu tun, im Gegenteil!

Wir müssen uns langsam an eine vollkommen neue Bedeutung und Interpretation der Sprache gewöhnen. Gegenwärtig sind wohl die meisten wesentlichen Begriffe unserer Sprache durch Religion, Indoktrination, Moral und Wissenschaft geprägt. Man kennt die wahre Bedeutung vieler Worte nicht mehr. Ja, manchmal fühlt man sich, ohne es zu wollen, einfach schlecht oder gut beim Hören gewisser Begriffe. Nun, die Sprache der neu angebrochenen Zeit ist eine nicht-wertende Sprache. Daran muss man sich erst gewöhnen.

Alte Sprache – neue Sprache

Wenn ich zum Beispiel sage, dass die Menschheit krank und ihr Verstand wahnsinnig und verrückt ist, so klingt das ziemlich beleidigend, hart und arrogant. Gemeint ist es jedoch keineswegs als Bewertung, sondern als Feststellung gewisser Umstände und Begebenheiten. Es meint, dass die meisten Menschen nicht mehr in der Harmonie leben, also in Krankheit (Disharmonie) sind. Tja, und wie verrückt muss ein Verstand wohl sein, um Kriege zu führen, zu betrügen, zu lügen, auszunutzen und ständige Gewalt auszuüben – vom Schlachtfeld bis zum Schlachthof? Wie wahnsinnig muss man sein, um kleine Kinder in gefängnisartige Schulen zu stecken und dermaßen verheerende Eingriffe in die gesunde Entwicklung ihres Verstandes zu nehmen und sie dazwischen beinahe rund um die Uhr vor einen Fernseher zu setzen? Wie verrückt muss man eigentlich sein, um zu glauben, was die Priester predigen und die Nachrichten verkünden?
Ja, ich darf so etwas mit ruhigem Gewissen sagen, da ich mich längst selbst als Verrückten entlarvt habe! Dies garantiert Dir jedoch im Gegenzug auch, dass ich niemanden seiner Fehler wegen verurteilen kann, denn jedes Urteil über einen anderen wäre ein Selbsturteil. Wer sich selbst so einem Entlarvungsprozess preisgibt, der und nur der hat Chancen darauf, ein Schmetterling zu werden. Jede Raupe trägt – wie schon gesagt – im Innern die Anlagen eines Schmetterlings! Doch es muss jeder selbst, freiwillig, den notwendigen Entlarvungsprozess einleiten. Wer sich selbst den Prozess macht, der wird nicht verurteilt werden können und sieht auch keinen Anlass zu verurteilen. Jeder der urteilt, bezeugt damit, dass er sich noch im Bewusstseinszustand der Raupe befindet, mehr nicht.

Kein Urteil kann jemals richtig sein, keine Strafe gerecht und keine Moral göttlich! Moral ist immer abhängig vom jeweiligen Zustand der Gesellschaft. Sobald man etwas für die Gesellschaft tut, bekommt es von ihr den Glanz der Glorie umgehängt.

Töte für Dein Land in einem fernen Krieg Tausende Brüder und Schwestern und man wird Dich zum Helden küren. Außerhalb davon, töte einen einzigen und ein Leben hinter Gittern oder gar die Todesstrafe wird Dir sicher sein. Wie verrückt das doch ist, findest Du nicht?! Oha, ich sagte übrigens rein gar nichts in der Art, dass Töten gut oder schlecht sei. Mag sein, wie es ist, aber es macht mich stutzig, dass ein und dieselbe Tat ´mal himmlisch und ´mal höllisch sein soll (...). Ich versteh das einfach nicht. Du etwa?

Na ja, nun weiß ich jedenfalls, weshalb die Justitia eine Augenbinde trägt (...)

FREE SPIRIT – Das Konzept

Das Konzept von FREE SPIRIT - dem Kurs - ist eine Gemeinschaft, welche in gegenseitiger Wertschätzung und Liebe für das Erwachen anderer da ist.

Jeder ist ein Leader, es gibt keine Untergebenen. Sehr wohl bilden weiter fortgeschrittene TrainerInnen die neuen Assistenten und Assistentinnen aus, aber nicht im Sinne einer gewöhnlichen Hierarchie. Keiner wird als ‚mehr' oder als ‚weniger' betrachtet und jeder Trainer kann, je nach mitgebrachter Anzahl Studenten, seinen eigenen Verdienst bestimmen. So kann es durchaus schon mal vorkommen, dass ein weiter fortgeschrittener Trainer weniger verdient als ein Neuling. Und das ist in Ordnung. Wir messen uns gegenseitig nicht am äußeren Erfolg, wenn dieser sich auch meist als Reaktion auf den inneren Erfolg einstellt.

Das Feeling

Es geht um ein gemeinsames Feeling! Wir sind nicht daran interessiert, Leute zu bedrängen oder zu bekehren. FREE SPIRIT will einfach zeigen, dass es da ist und empfängt mit offenen Armen jeden, der bereit ist, sich in eine solche Gemeinschaft einzubringen und einzulassen. Wir führen keine Mitgliedschaft. Jeder ist so lange dabei, wie er dies möchte. Genau so, wie jeder frei ist zu kommen, ist er auch frei zu gehen. Nur so eine Verhaltensweise entspricht dem obersten Motto des Free Spirit und des FREE SPIRIT-Kurses:

Freiheit und Selbständigkeit in allen Belangen für alle und jeden

FREE SPIRITS, wie ich die Absolventen und Absolventinnen nenne, sind auch im Alltag solche. Sie helfen gerne anderen Menschen, sie setzen sich für den Frieden in der Welt ein und begegnen ihren Mitmenschen stets in Wertschätzung und Verbundenheit. Sie haben auch dann ein Ohr für Dich, wenn Du nicht den Kurs besuchen willst und sie respektieren jeden anderen Glauben, jede Religion, jede Partei und alle Menschen aller Nationalitäten. FREE SPIRITS sind die Menschen, welche man gerne zu seinen Freunden zählt. Sie sind ehrlich, offen und direkt, einfach authentisch.

Kurse leiten

Wer mit uns solche Kurse leiten möchte, ist herzlich dazu eingeladen, die entsprechende Ausbildung zu besuchen.

Nach Abschluss der Trainerausbildung, welche einen individuell angepassten Zeitraum umfasst, ist jeder Trainer frei, eigene FREE SPIRIT-Kurse anzubieten. Wer jedoch lieber gemeinsame Kurse mit uns mitleiten möchte, kann dies weiterhin, wie schon während der Ausbildung, ebenfalls gerne tun.

Das Netzwerk

Wir sind als Netzwerk tätig. Ein solches will natürlich auch finanziert werden. Dies bewerkstelligen wir mittels Kurslizenzvergabe, dem Verkauf bestimmter Produkte sowie mit Vorträgen und Workshops etc.

Dienst am Nächsten – die Idee

Sobald wir dazu finanziell in der Lage sind, werden wir bestimmte Hilfsprojekte für Kinder ins Leben rufen. Wir haben zwar keinerlei Einwände gegen persönlichen Reichtum, aber wenn dieser eine gewisse Grenze erreicht hat und das wird er bald, dann möchten wir uns von Herzen gerne für die Kinder dieser Welt und für den Frieden auf Erden einsetzen.

Die universelle Gemeinschaft

Eine universelle Gemeinschaft zu pflegen bedeutet für uns auch, für noch unbekannte Lebensformen offen zu sein. Schon jetzt arbeiten wir in Verbundenheit mit lichtvollen Geisteswelten und wir sind bereit, falls dies irgendwann der Fall sein wird, auch mit anderen Gemeinschaften geistiger und irdischer Natur Hand in Hand mit der Schöpfung dem Wohle aller zu dienen. Free Spirits haben ihre Füsse immer fest auf dem Boden aber ihren Kopf im Himmel. Wenn Du weißt, was ich meine...!

Kurz gefasst ist unsere Vision folgende: Eine glückliche, friedliche und erfolgreiche universelle Gemeinschaft menschlicher Wesen.

Unabhängigkeitserklärung

FREE SPIRIT und alle damit verbundenen Einrichtungen erklären sich politisch, konfessionell und spirituell unabhängig.

FREE SPIRIT
Das neue Bewusstseins- und Selbstmanagement-Training

Noch nie war es so leicht und so wirksam seine Persönlichkeit zu entwickeln, seine Medialität zu entfalten und inneren Frieden zu erlangen.

Gerade im Hinblick auf eine friedliche Weltgemeinschaft und vernünftiges ökologisches Denken ist erweitertes Bewusstsein von grundlegender Bedeutung. Deshalb ist es mir auch so wichtig, dieses ganzheitliche Erfolgs- und Bewusstseinstrainings vorzustellen.

Viele Menschen leben so, als würden sie nie sterben, die meisten jedoch sterben, ohne je wirklich gelebt zu haben!

FREE SPIRIT wendet sich ausschließlich an Menschen, die bereit sind, die volle Eigenverantwortung und somit die volle Macht über ihr eigenes Leben zu übernehmen. Das Ziel ist die Meisterschaft. Wir benötigen auf unserem wundervollen Planeten dringendst viele Menschen, die bereit sind, ihre Meisterschaft im Leben wieder zu übernehmen. Ja, das Wohl unseres Universums hängt von ihnen ab und die Entwicklung unser aller unmittelbaren, globalen Zukunft steht und fällt mit der Anzahl erwachter Menschen, welche unseren Planeten bevölkern. Wir möchten einfach unseren Teil dazu beitragen.

Wir als Institution sind politisch, konfessionell und spirituell unabhängig und fühlen uns mit allen Menschen, Rassen, Religionen und Gruppierungen verbunden. Wir fällen keinerlei Urteil über andere und sehen uns als Teil des ganzen Menschheitsverbundes.

Ein FREE SPIRIT ist voller Mitgefühl und nutzt sein Potenzial an Intuition, Medialität und Vernunft zum Wohl aller und auch zum eigenen Wohl und Erfolg. Er oder Sie ist stets in der Lage den Kontakt zu seinem wahren Sein aufrecht zu erhalten und kann jederzeit in Verbindung mit höheren Wesenheiten oder seinen geistigen Begleitern treten. Er ist verbunden mit allem, was ist. Ihm steht somit alles offen und einer Selbst-Realisierung nichts im Wege. Entscheidender Höhepunkt dieser Entwicklung ist der bedingungslose Dienst am Nächsten, welcher nicht nach außen gezeigt werden muss, sondern eher einem stillen, inneren Präsent-Sein und Mitfühlen gleich kommt.

Früher glaubte man, dass die Realität unser Bewusstsein formt, heute jedoch *weiß* man, dass es umgekehrt vor sich geht: Bewusstsein formt Realität !

Der systemische und öko-systemische Aspekt des FREE SPIRIT

Hinter jeder Realität steht ein Bewusstsein. Ohne Bewusstsein keine Realität. Insofern stimmt es also, dass jeder Mensch die Realität erfährt, die er selbst sucht und die ihm so auch zusteht. Ja, mehr noch: jene Realität, die er sich selbst gebaut hat, bewusst oder unbewusst. Richtet Bewusstsein, richten wir, unsere Aufmerksamkeit lange genug auf etwas, so wird es sich mehr und mehr manifestieren. Dies ist das Grundgesetz aller Schöpfung und die Funktionsweise von Aufmerksamkeit.

Selbst dann, wenn wir vorgeben an das ‚Gute' zu glauben und ‚positiv zu denken', manifestiert sich das, was wir insgeheim fürchten. Denn es ist das, was wir ja *wirklich* glauben. Ja, die Schöpfung ist perfekt und vollkommen, sie macht keine Fehler. So einfach ist das. Und belügen lässt und tut sie sich auch nicht. Jeder wird letztlich ernten, was er gesät hat.

Die Welt, die wir gegenwärtig erleben, entspricht genau unseren (unbewussten) Überzeugungen. Sie ist wie ein unbestechlicher Spiegel, der sich nicht von etwas Kosmetik beeindrucken lässt. Sie zeigt uns immer die Wahrheit unseres gegenwärtigen Menschheits-Massenbewusstseins auf. Insofern geht es uns eben doch alle etwas an, was auf unserem Planeten geschieht. Sei es auch noch so weit entfernt. Wir leben in einer Zeit, wo nichts mehr getrennt von uns bleibt und keine Lüge mehr Bestand hat. Die Wahrheit kommt ans Licht, überall. Nun ist es so, dass über unsere momentane Ausrichtung das Massenbewusstsein auch bereits unsere Zukunft ‚geistig' angelegt ist und sich dementsprechend erschafft. Wenn wir effizient und bald genug diese ‚Pläne' verändern, wird sie uns Erfreulicheres bescheren, als es gegenwärtig wohl erscheinen mag.

Mit FREE SPIRIT gibt es nun ein einfaches, klares und effizientes Bewusstseins-Werkzeug um alte nicht mehr heilsame Aspekte unseres Mind´s aufzufinden und zu verändern.

Es hat somit jeder eine real erlebbare Möglichkeit, erstens: die persönliche Zukunft zu verändern und selbstverantwortlich für sich selbst neu zu gestalten, und zweitens: wesentliche Veränderungen im Massenbewusstsein mitzubewirken, sodass es letztlich allen - inklusive der Erde - besser ergehen kann.

Darin erkennen wir den wesentlichen öko-systemischen Aspekt des FREE SPIRIT.

Die Zukunft liegt in unseren Händen, ob wir wollen oder nicht.

Das ökologische Bewusstsein des FREE SPIRIT

FREE SPIRIT gründet insofern auf einem ökologischen Bewusstsein, als wir auch bewusstseinsmäßig versuchen das Beste aus unseren Ressourcen herauszuholen. Die Frage, welche wir uns gestellt haben, war: Wie kann mit geringst möglichem Verlust an Energie, Zeit, Gesundheit und Geld das nachhaltigste, beste Resultat für uns Menschen und die Welt erreicht werden? Die Auseinandersetzung damit versetzte uns in die Lage, eine Methode zu entwickeln, welche aus unseren Erfahrungen über die letzten 20 Jahre entstanden ist. Sie ermöglicht heute jederman und jederfrau auf einfach erlernbare, leicht verständlich Weise das eigene Leben zu bestimmen und neu zu gestalten.

Den größten Missbrauch an Rohstoffen und die größte ‚Umweltverschmutzung' produzieren die Menschen nämlich primär nicht mit Öl, Industrie und anderen Dingen, sondern mental, geistig. Da im Gestaltungs- und Schaffensprozess hin zu erlebbarer Wirklichkeit ‚Geist' immer vor ‚Materie' steht und wirkt, ist es nur logisch, dass zuerst eine geistige Verschmutzung bestanden hat und noch besteht, bevor das Ruinieren der äußeren Welt beginnt und begonnen hat. Die Welt ist bloß ein Spiegel unseres Bewusstseins. Dort, im Bewusstsein, findet sich, finden wir, auch den Ursprung allen Werdens - sei dieses nun (selbst)zerstörerisch oder heilsam. Genau da setzt FREE SPIRIT an, da wo am freilassendsten und nachhaltigsten Veränderungen bewirkt werden können: im eigenen Bewusstsein.

Wir können die Welt verändern, indem wir unser Bewusstsein verändern.

Außergewöhnliche Fähigkeiten sind nichts Außergewöhnliches

Wer Außergewöhnliches leisten will, muss Außergewöhnliches tun. ‚Gewöhnliche' Menschen erlangen gewöhnliche Resultate und Ziele. ‚Gewöhnlich' bedeutet: Solche Menschen gehen im Leben nicht nach ihrer Vernunft, ihrem Herzen oder ihrer Intuition, sondern nach ihren Gewohnheiten vor. Dies ist für ‚gewöhnlich' der Weg eines gegenwärtigen Erdenbügers. Jeder würde zu Überdurchschnittlichem fähig sein, ginge er doch nur den Weg seines innersten Seins! Wir alle wissen das, aber manchmal wissen wir nicht, wie wir diesen innersten Kern in uns wiederfinden können, der so verschüttet scheint. Aufgrund selbstgemachter eigener Erfahrung und jener mit vielen tausend Menschen, die wir im Laufe der Jahre begleiten durften, kennen wir einen Weg dorthin und diesen möchten wir gerne teilen.

FREE SPIRIT ist sowohl Weg als auch Ziel. Einmal damit begonnen, tauchen wir in ein Bewusstsein ein, welches zu einem neuartigen Lebensstil und Lebensgefühl wird. Zuvor Unerreichbares rückt in den Bereich des Möglichen. Krankheit, Misserfolg und Tod verlieren ihren Schrecken. Selbstverantwortung und Urvertrauen erstehen wieder in einer Tiefe, die notwendig ist, um erneut die Schöpferschaft, die Macht und Verantwortung über das eigene Leben und die Zukunft unseres Wunder-vollen Planeten zu übernehmen. Jetzt geh´s möglicherweise erst so richtig los! Und dafür ist es bekanntermaßen: nie zu spät. So werden wir uns auch auf Dich riesig freuen, liebe Leserin, lieber Leser. Wir freuen uns, Dich schon bald an einem unserer Basistrainings (Grundkurs) mit dabei zu haben und Dich in einer neuen „Geschwisterschaft", welche schon seit unermesslichen Zeiten auf die eine oder andere Art und Weise zum Wohl der Menschheit wirkt, willkommen heißen zu dürfen. Und, sei ohne Sorge, wir sind weder eine Kirche noch eine Religion, im Gegenteil: Jeder finde(t) seine eigene Religion (Rückverbindung) im Innersten seines Herzens. Darauf vertrauen wir. Deshalb können wir leicht mit allen Menschen, Rassen, Religionen und anderen Glaubensrichtungen in Liebe und Wertschätzung verbunden sein und auch bleiben.

FREE SPIRIT und alle damit verbundenen Einrichtungen und Aktivitäten sind politisch, konfessionell und auch spirituell unabhängig. Wir achten, dass jeder Mensch ein Individuum ist und das Recht auf seinen eigenen Weg und Glauben besitzt und wissen, dass dies gut so ist.

Vielleicht schaffen wir es als Free Spirits eine Verbundenheit zwischen verschiedensten Menschen, Religionen, An- und Einsichten herzustellen und so bedeutend werden zu lassen, dass auch Öffentlichkeit und Weltregierungen Notiz von uns nehmen. Und anstatt diese zu bekämpfen, werden wir um Kooperation ersuchen, um unterstützend Einfluss auf die Geschicke der Welt zu nehmen.

Einige Deiner Freunde sind schon unterwegs dorthin und in ihrem Namen möchte ich Dich herzlichst dazu einladen, an diesem großen ‚Spiel des Lebens' teilzunehmen. Wenn Du ebenfalls ein Wegbereiter, eine Wegbereiterin sein möchtest, dann melde Dich unverbindlich bei uns.

Realisierung unserer Ziele

Ich habe FREE SPIRIT entwickelt, um den Menschen einen neuen Schlüssel zu Herz und Bewusstsein in die Hand zu geben. Die Realisierung unserer Ziele glauben wir dadurch zu erreichen, dass jeder jeden auf seinem ganz persönlichen Weg unterstützt und auch seine Ziele erfolgreich verwirklicht. Innerer Friede geht dem äußeren immer voraus. Wenn wir der Welt mit erweitertem Bewusstsein, Wertschätzung, Achtsamkeit und Selbstverantwortung begegnen, dann wird sich eine solche Vision auch tatsächlich verwirklichen lassen.
Aber lass mich Dir zunächst die Kurse, sofern möglich, kurz erläutern:

Der Grundkurs – Die Meisterschaft

Vor dem Erwachen steht immer die Bemeisterung seiner selbst. Die Meisterschaft über sich selbst ist also nicht das Ziel, sondern der Beginn einer Entwicklung in höhere, transzendente Daseins- und Bewusstseinsebenen. Dies wird oft verwechselt. Bevor die Menschen nicht mit dieser irdischen Realität und der Welt, in der sie leben, klar kommen, ist nicht ernsthaft an eine wesentliche Bewusstwerdung oder gar Bewusstseinserweiterung zu denken.

Es ist stets hilfreich, mit beiden Beinen fest auf dem Boden zu stehen, wenn man spirituelle oder bewusstseinsmäßige Höhen anstrebt.

Deshalb besteht der Basiskurs - Die Meisterschaft - hauptsächlich aus Theorie und Praxis folgender Themen:

Teil I – Bewusstsein & Spirituelle Psychologie

Die Psychologie des Glücks
Loslassen und entscheiden
Das Universum arbeitet immer für Dich
Gegenwart – Ziele – Ressourcen
Der Sinn des Lebens
Wissenswertes über Bewusstsein
Wie Realität erschaffen wird
Wie Realität entschaffen werden kann
Auflösen von Blockaden
Standpunkte – Bewertungen – Urteile
Fühlen
Konzentration u. Aufmerksamkeit
Identitäten und Realitäten
Ehrlichkeit
Schluss mit der Angst
Blockierte Aufmerksamkeit
Aggression
Selbstverleugnung
Vergangenheit und Zukunft
Beziehungen und Übergriffe
Wohlstand und Fülle
Transformation

Teil II – Bewusstseinserweiterung & Philosophie

Hellsehen
Was ist *Gott*?
Leben nach dem Tod
Die Stufen der Bewusstseinsentwicklung
Religion
Hinter dem Schleier der Illusion
Zeit & Wahrnehmung
Aurasehen
Hellfühlen
Krankheit – Gesundheit – Heilung
Geistige Heil-/Diagnosemethoden
Ein wenig Anatomie
Licht – Grundlage jeder Heilung
Meditation
Außergewöhnliche Fähigkeiten
Dankbarkeit
Energiearbeit
Jenseitskontakte
Astralreisen – Basis

Während die Übungen von Teil I des Kurses den Umgang mit dem eigenen Bewusstsein erfahrbar machen und klären, sowie ‚das Fühlen' als Organ der Wahrnehmung wieder erwecken, zielen die Übungen in Teil II darauf ab, das Zutrauen in die eigene Medialität und Intuitionsfähigkeit zu bestärken.

Die Kursgebühren für dieses Basistraining betragen $/€ 2000.- respektive SFr. 3000.- für 7 Tage.

FREE SPIRIT-FLY (**F**reely **L**iving **Y**ourself)

FLY eröffnet Dir endgültig den Pfad zur Erschaffung persönlicher Wunder. Dieser Kurs beinhaltet den ultimativen Schlüssel zum Universum, in dem wir leben. FLY ist ein lebendiges Training für lebendige Menschen mit wachem Geist und zarter Seele. Es beschreibt eine weitere Etappe auf Deiner Reise durch das Abenteuer Leben. FLY wird Dir zwar keine Flügel verleihen, aber es bewirkt mit Sicherheit, dass sich Deine bereits vorhandenen Flügel entfalten und Du mehr und mehr flugtauglich werden wirst. FLY wird Dir dabei helfen, Dich frei von allem zu machen, wovon Du Dich frei machen willst. Es wird Dich noch weiter, noch größer und noch wundervoller machen als Du Dir momentan vorstellen kannst.

Dein Leben wird sich bestimmt schon nach dem Grundkurs deutlich wandeln! Nun, was Du jetzt im Begriff bist zu tun, wird es nicht bloß wandeln, sondern verwandeln. FLY ist in höchstem Maße transformierend... Sofern Du es zulässt.

Kursgebühr $/€ 2500.- / SFr. 3750.- für 9 Tage

FREE SPIRIT-AWAKENING

(Jenseits aller Begrenzungen – Spirituelle Realitäten)
FREE SPIRIT-AWAKENING ist einfach hm... lebendig? Ja. Meditativ? Ja. ...ein Genuß!

Kursgebühr $/€ 2500.- / SFr. 3750.- für 9 Tage

Trainerworkshop (TWS) 1 - Präsenz

Ein guter Trainer, Coach und auch Assistent sieht sich selbst nicht als Lehreridentität, sondern als Begleiter, als Begleiterin. Als Trainer bist Du Weggefährte und begleitest alle die wundervollen Teilnehmer und Teilnehmerinnen durch den Ablauf und die Erfahrungen der jeweiligen Übungen. In erster Linie ist nicht Dein Wissen und Können wichtig, sondern Dein Da-Sein, Deine Gegenwart. Als Trainer arbeitest Du hauptsächlich mit Deiner Präsenz. Der TWS-1 beinhaltet folgende Themen:

Was bedeutet Präsent-Sein?
Präsenzforschung
Wille
Symbolik erkennen
Interaktion
Rollenspiele
Liebe und Wertschätzung
Die Saat ausbringen
Die Meisterfalle
Erfolg
Transp. projizierte Identitäten
Indoktrination
Versteckte u vermiedene Gefühle
Unberührbare Präsenz erleben

Teilnahmegebühr $/€ 270.- / SFr. 400.-

Trainerworkshop (TWS) 2 - Kommunikation

Beinhaltet alles, was die Techniken anbelangt, unsere Geschäftsstruktur im Detail sowie Tricks und Kniffe, wie man mit speziellen Situationen, die am Kurs auftauchen könnten, umgehen kann. Der TWS-2 beinhaltet folgende Themen:

Kommunikationspsychologie
Absichten klären
Vortragstechnik
Trainer schauen tiefer
Ausgedehnte Wahrnehmung
Faktoren für Lernerfolg

Teilnahmegebühr $/€ 270.- / SFr. 400.-

Trainerworkshop (TWS) 3 - Identität

Am TWS 3 beschäftigen wir uns mit unseren Persönlichkeit und ihren Identitäten; dieser beinhaltet folgende Themen:

Geheimsache Ego
Identitäten
Ich oder Nicht-Ich?
Ein Blick hinter das Weltentheater
Identität u. Persönlichkeit
Dem wesentlichen Du begegnen
Opfer und Täter / Ein Paradoxon
Den eigenen Identitäten begegnen
Rollenspiele
Identitäten und Standpunkte
Das Zauberwort
Identitäten stoppen
Identit./Wesenheiten/Phantome
Befreiung von fremden Einflüssen
Wahrnehmung als Außerirdischer
Der nächste Schritt

Teilnahmegebühr $/€ 270.- / SFr. 400.-

Trainerworkshop (TWS) 4 - Integrität

Hier kommt man dem inneren Frieden und Glück wieder ein großes Stück näher:

Glücklich-Sein
Integrität
Selbsteinschätzung
Verantwortung, Schuld und Vergebung
Übergriffe
Wiederherstellung d. pers. Integrität
Verdeckte Vorhaben
Muster erkennen
Versuchungen
Abhängigkeiten/Selbsttäuschung.
Mitgefühl
Dankbarkeit

Teilnahmegebühr $/€ 270.- / SFr. 400.-

Und zu guter Letzt gibt es da noch die TSPW, die **Sp**eziellen **T**rainer **W**orkshops

Trainerspecial-Workshops (TSPW)

"TSPW" können nur von Trainern besucht werden, die bereits alle 4 TWS absolviert haben. Die Specials beinhalten jeweils eine Thematik, wie zum Beispiel:

Motivation
Intimität
Sexualität und Beziehung
Partnerschaft
Fremdenergien
Gesundheit

etc.

Teilnahmegebühr $/€ 300.- / SFr. 450.-

FREE SPIRIT und das liebe Geld

Nicht billig, aber dafür mit Geld-Zurück-Garantie bis zum 3. Tag!

Einige mögen sich fragen, ob es sich auch lohnt, das Geld für sich und in so eine Bewusstseins- sowie Persönlichkeits-Bildung zu investieren. Da die meisten Menschen verstehen, dass ‚preiswert' eine Frage von ‚Qualität' und einer ‚Amortisation im eigenen Leben', ist – können wir sagen, dass FREE SPIRIT preiswert ist und – hält, was es verspricht. Wir bieten unsere Qualität durch effizientes Material, kompetente Begleitung, gezielte Weiterbildung und begleitende Supervision.

Und: durch die Geld-Zurück-Garantie kauft hier niemand die „Katze im Sack".

Ein Urlaub der ewig hält!

- FREE SPIRIT vermittelt Werkzeuge, welche den Alltag zum Urlaub werden lassen.
- FREE SPIRIT ist günstiger als Urlaub und hält für Deine ganze Zukunft.
- FREE SPIRIT ist um ein Vielfaches billiger als ein Auto und bringt Dich dennoch überall hin, wo auch immer Du hin willst.
- FREE SPIRIT ist spannender als jede Abenteuerreise und dieser ‚Keim' entwickelt und entfaltet sich Dein Leben lang.

Wohlstand und Fülle

- FREE SPIRIT vermittelt Werkzeuge, mit welchen sich Wohlstand und Fülle kreieren lassen.
- FREE SPIRIT ist eine wesentliche Investition in Deine eigene finanzielle Unabhängigkeit.
- FREE SPIRIT hilft Dir Klarheit zu finden und Dein Leben zu wandeln, um das auch leben zu können, was Du von Herzen gerne leben möchtest.

Dienst am Nächsten

- FREE SPIRIT vermittelt einen leichten Weg dem Nächsten zu dienen.
- FREE SPIRIT hilft Dir selbst, indem Du anderen hilfst.
- FREE SPIRIT kann Dein eigenes und das Glücklich-Sein Deines Nächsten begründen.
- FREE SPIRIT ist eine wunderbare – Deine persönliche – Investition in den Weltfrieden.

Spiritualität und Bewusstseinserweiterung

- FREE SPIRIT vermittelt Werkzeuge. welche Dein Bewusstsein erweitern und Dich der Essenz näher bringen kann.
- FREE SPIRIT ist ein spiritueller Weg ohne Schuld- und Sündenbewusstsein.
- FREE SPIRIT verhilft zu außergewöhnlichen Fähigkeiten.
- FREE SPIRIT öffnet Dir den Zugang zu Deinem höheren Selbst.
- FREE SPIRIT kennt Erleuchtung.

Persönlichkeitsentfaltung

- FREE SPIRIT begleitet Dich zurück in Deine wahre Integrität.
- FREE SPIRIT ermöglicht Dir so zu sein, wie Du wirklich bist.
- FREE SPIRIT vermittelt Werkzeug, welche Dir helfen Dein Potenzial zu entfalten und in ungeahnter Weise auszuschöpfen.
- FREE SPIRIT verhilft zu einer charismatischen Persönlichkeit.
- FREE SPIRIT unterstützt Dich Blockaden, Muster und Begrenzungen zu verwandeln, aufzulösen und bewusst Deine Ziele zu setzen.

FREE SPIRIT und Ersparnis

- FREE SPIRIT ist um einiges günstiger und angenehmer als spätere Therapien, Medikamente und Arztbesuche und dennoch in seiner Wirksamkeit unübertroffen.
- FREE SPIRIT kann Dir - so Du es willst - zukünftige ‚unangenehme' Erfahrungen und Misserfolge ersparen, welche oft teuer zu stehen kommen.
- FREE SPIRIT öffnet auch finanziell unbegrenzte Möglichkeiten und Erfolgschancen.

So, jetzt weißt Du etwas über den Kurs und sogar über die Ausbildung zum Trainer, zur Trainerin. Ich möchte Dich jedoch nicht all zu lange mit solchen Beschreibungen aufhalten, deshalb unterlasse ich es nun auch, Dir noch detaillierter über unser Geschäftsmodell Auskunft zu geben. Das erfährst Du früh genug. Ansonsten gibt Dir unsere Crew im Büro gerne weitere telefonische Auskünfte.

Ein Meister sieht täglich alles neu

Altes existiert nicht in einem meisterlichen Bewusstsein

Aus Alt kann nie Neu werden,
denn Alt existiert nicht, alles ist Neu, immer.
Demnach gilt dasselbe in Analogie auch für Alt und Jung.

Natürlich will der Verstand uns weismachen, dass wir altern und, dass es eine Zeit gibt, welche vergehen kann. Dies ist wahrscheinlich eine der größten Lügen überhaupt! Klar, auf den ersten Blick mag es ja tatsächlich so aussehen: Die Dinge scheinen zu altern, Menschen scheinen zu altern, alles scheint zu altern. Ich möchte Dich und vor allem Deinen Verstand nicht zu stark herausfordern, aber es handelt sich hierbei um eine katastrophale Missinterpretation.

Nur weil sich alles verändert, heißt das noch lange nicht, dass es älter wird. Wir haben es hier nicht mit einem Alterungs-, sondern mit einem Schöpfungsprozess zu tun.

Ich bleibe bei meinen Ausführungen einfachheitshalber beim Beispiel Mensch. Der Mensch altert nicht im herkömmlichen Sinne, sondern erschafft sich in jedem Augenblick neu. Natürlich will er sich nicht andauernd gleich erfahren, er ist zu neugierig und besitzt eine große Portion Abenteuerlust. Dieser scheinbare Alterungsprozess ist bloß deswegen so weit verbreitet, weil die Menschen sich einst entschlossen, so etwas wie einen Tod zu erleben. Entgegen aller Behauptungen ist es nämlich gar nicht so leicht zu sterben. Also reduziert er so nach und nach seine Lebensenergie, um ganz sicher zu gehen. Würden die Menschen jedoch nur einigermaßen mit ihren Kräften und energetischen Ressourcen haushalten, so lebten sie locker einige hundert Jahre! Es gibt Yogis und Meister, welche dies seit jeher verwirklichen.

Die Menschen verbrauchen nicht nur ökologisch gesehen ein Übermaß an Energien, sondern auch feinstofflich. Ja, sie achten einfach nicht auf das Gleichgewicht, weder auf das äußere noch auf das innere. Leider. Sie wissen nicht mehr, wie die Verhältnisse sind zwischen arbeiten und ruhen, essen, trinken und fasten, lachen und weinen, reden und schweigen, geben und nehmen usw. Wenn man natürlich so damit umgeht, wie es die meisten Menschen tun, dann verwundert es nicht, dass die meisten bereits in einem jugendlichen Alter von +/- 70 Jahren sterben. Aber auch das ist kein Beweis für die Richtigkeit der Aussage, dass alles altert.

Es beweist höchstens den materialistischen Standpunkt, welchen wir bewusstseinsmäßig eingenommenen haben.

Würde unser Verstand nicht in der Lage sein zu vergleichen, dann wüssten wir nicht, was altern bedeutet.

Ja, altern ist nicht ein natürlicher Vorgang, sondern ein Problem unserer Verstandesmaschine. Ich weiß, das klingt alles sehr provokant oder auch revolutionär, aber ich denke, so ist es. Viele moderne Wissenschaftler sind diesbezüglich mit mir einig. Vorerst ist es bestimmt bloß eine Ansichtssache, aber sie könnte eine immense Wirkung entfalten, wenn sie erst einmal angenommen ist. Ich bin leider auch erst seit kurzem dabei dies so zu betrachten, deshalb will es mir einfach nicht recht gelingen, graue Haare zu bekommen... Nun, ich bemühe mich zwar sehr darum, denn als alter weißhaariger Meister erzielt man wohl eine viel höhere Effizienz seiner Lehren, aber auf mehr als 10, 15 weiße Haare habe ich es noch nicht gebracht – unvollkommen, wie ich nun mal noch bin!

Gut, ich will jetzt nicht allzu weit vom Thema abschweifen. Eigentlich wollte ich ja nur darlegen, dass alles immer neu ist. Jeder Tag, jede Stunde, jede Sekunde, jeder Augenblick. Nichts bleibt länger als einen Augenblick so, wie es ist. Wenn wir zum Beispiel ein Objekt wahrnehmen, dann ist es, wenn wir es beschreiben oder analysieren, bereits nicht mehr dasselbe. Klar, die augenblicklichen Veränderungen können die meisten Menschen und auch Wissenschaftler nicht wahrnehmen, aber jede Aussage betrifft gezwungenermassen die Vergangenheit. Selbst unsere zukunftgerichteten Mutmaßungen werden nur aufgrund eines Vergleichs mit der Vergangenheit möglich. Es handelt sich aber dennoch nicht um Wissenschaft oder Wissen, sondern bloß um Realisierungsmöglichkeiten. Welche davon eintrifft, bestimmt der Mensch aufgrund seines Bewusstseins. Alles das, was wir als unsere physikalischen Gesetzmäßigkeiten bezeichnen, sind in Wirklichkeit bloß Massenüberzeugungen unserer hier (scheinbar) inkarnierten Bewusstseinsspezies: ‚Mensch'.

Es ist bei weitem nicht so, dass alles, was lebt, Mensch ist. Aber oft ist es einzig der Mensch, der nicht zu leben versteht.

Wenn man also genau hinschaut, nicht bloß auf die Materie, sondern auch auf das energetische Feld darum herum, dann erkennt man sofort, dass alles in jedem Augenblick neu ist. Alles ist stets in Bewegung, da gibt es nichts Unveränderliches. Ja, alles ist höchst lebendig, alles.

Und ja, nur weil man keine Antworten hat, braucht man es ja nicht gleich wieder falsch zu interpretieren! Manchmal erschließen sich uns die Dinge einfacher, wenn wir sie, antwortenlos, einfach so stehen lassen, wie sie sind. Und schon eröffnet sich uns plötzlich eine neue Welt.

Aber vermutlich müssen, wie immer, zuerst ein paar erleuchtete Wissenschaftler den Weg ins Bewusstsein der Masse ‚Mensch' ebnen, bevor diese ein Umdenken auch nur in Betracht zieht. Zumindest haben wir alle schon mal von erneuerbarer Energie gehört... das nächste, die Energie der Zukunft, wird derart gestaltet sein, dass sie sich durch Gebrauch nicht einmal mehr verbraucht. Wenn das keine gute Nachricht ist?! Und wenn dies erst gang und gäbe geworden ist, dann werden wir einer Zeit entgegen sehen, in welcher die Menschen weder altern, noch erkranken werden. Gut, das dauert wohl noch ein wenig... aber urteile bitte nicht über meine Worte, bevor die Zeit nicht soweit fortgeschritten ist, dass sich meine Vorhersage bewahrheiten konnte. Ich danke Dir für Deine diesbezügliche Grosszügigkeit und Geduld.

Wichtig!

Eines ist wichtig für Dich zu wissen, nämlich, dass es Dich nur einmal gibt. Du bist ein absolutes Original und in jedem Augenblick neu, schöner, reifer, tiefer, weiter... Eben, ganz speziell Du, einzigartig und wundervoll. Gerade deswegen, weil Du immer ‚neu' bist. Das ergibt in der Folge ein Leben von veränderter Realität. Und ich glaube fast, dass dies mitunter auch der Grund dafür ist, dass Du meine Worte hören oder lesen möchtest... Du suchst vermutlich nach (D)einer neuen, anderen Realität. Ich hoffe, dass Du schon jetzt ein wenig davon erhaschen konntest und wünsche Dir alles Gute. Suche einfach nicht zu fern... die Dinge liegen meist näher, als man vermutet. Werde Meister, werde Meisterin, nicht im Suchen, sondern im Finden!

Hier noch etwas zum Meditieren:

„Um alle Dinge immer neu zu erfahren,
muss man den Verstand nicht fortwährend füttern,
wie ein hungriges Tier, sondern begreifen,
dass er ein Gefäß ist,
welches auch einmal geleert werden will."

Noch wichtiger!
Neueste wissenschaftliche Forschungen haben ergeben, daß es tatsächlich möglich ist, die Alterung der Zellen zu stoppen! Das ist erstaunlich, aber noch viel überraschender wird es für die meisten Menschen sein, zu hören, wie das vor sich geht: Es hängt zusammen mit dem, was wir fühlen. Fühlen wir immer wieder dieselben Gefühle, altern unsere Zellen. Beginnt man wieder spielerisch, neugierig und forscherfreudig zu leben, erlebt man immer wieder neue, gegenwärtige Gefühle, so hört die Zellalterung auf!

Und wieder einmal bewahrheitet sich ein bekanntes Sprichwort noch deutlicher, als wir es vermutlich zu hoffen gewagt hätten:

**„Wir hören nicht auf zu spielen, weil wir alt werden,
sondern wir werden alt, weil wir aufgehört haben zu spielen."**

Pablo Picasso – Künstler und Frei-Geist
aus: "Wort und Bekenntnis" (1954)

"Ich suche nicht – ich finde. Beim Suchen gehe ich aus von Bestehendem, um bereits Bekanntes im Neuen zu finden. Beim Finden treffe ich auf völlig Neues – auch in der Bewegung. Alle Wege sind offen, und was ich finde ist unbekannt. Es ist ein Wagnis – ein heiliges Abenteuer.

Das Ungewisse solcher Wagnisse können eigentlich nur diejenigen auf sich nehmen – die sich geborgen wissen in Ungeborgenheit – die ins Ungewisse geraten und keine Führung erfahren – die sich im Dunkel einem Stern anvertrauen und sich nach höheren Zielen richten – anstatt das Ziel durch die Beschränkungen und Begrenzungen des Mensch-Seins bestimmen zu lassen.

Dieses Offenstehen für jede neue Einsicht, für jedes neue Erlebnis – sowohl innerlich als auch äußerlich – ist wesentlich für das Mensch-Sein heute. In aller Furcht vor dem Loslassen – erfährt der moderne Mensch die Gnade getragen zu werden in der Offenbarung von neuen Möglichkeiten."

Wie ein Phönix aus der Asche

Die Bewusstseins-Matrix

Wie ein Phönix aus der Asche sollst Du in Deiner Herrlichkeit als geistiges Wesen, auf dieser Welt im Lichte des einen Lebensquells wieder auferstehen und Deine Flügel ausbreiten. Mögest Du die Bitternis eines erdgebundenen Lebens hinter Dir lassen und in ein neues Bewusstsein eingehen, welches weit jenseits dessen liegt, was Du bis jetzt kennst. Erstehe als der, der Du Bist, jenseits jeglicher Vorstellung von Dir selbst, von der Welt und von dem, wie Du oder die Welt sein sollten. Meine Sicht der Dinge kann Dir dabei behilflich sein. Ein neues Bewusstsein erwacht, ein neuer Mensch will aus Dir geboren werden, so wie aus mir ein neuer Mensch geboren ist. Erlebe die Freiheit, die Unbegrenztheit und die Bedingungslosigkeit des Lebens. Erwache erneut zu dem spirituellen Wesen, welches Du in Wahrheit bist, kreativ, schöpferisch, als Inbegriff der göttlichen Liebe, wie immer Du sie auch nennen magst.

Die meisten Menschen leben in Abhängigkeit. Sei es in Bezug auf Arbeit, Geld, eigene Wünsche oder auch ‚Liebe'. Dadurch sind sie begrenzt in ihren Möglichkeiten ihre eigene Realität zu gestalten. Sie ordnen sich damit Gesetzen unter, die eigentlich gar nicht existieren. Sie leben in einer Welt, welche ihnen offenbar keine Wahl lässt. Sie sind Opfer. Ihr Leben besteht aus lauter Überlebensmaßnahmen, um alles das zu erfüllen, was von ihnen verlangt und erwartet wird. Ihr Dasein ist ein beständiger Lebenskampf, ein Kampf gegen Armut, Einsamkeit und Krankheit. Sie leben, um zu existieren.

Wir können jedoch auch existieren, um zu leben, um das Leben zu genießen, um Glück und Erleuchtung zu erfahren. Es ist nicht so, dass dies nur wenigen vergönnt ist. Es ist eher so, dass die meisten nicht mehr wissen, wie es geht. Alles Leben, jede Realität ist die Folge materialisierter Vorstellungen. Wie kann ich aber ganz gezielt eine Realität nach meinen Wünschen erschaffen? Wie kläre ich meine Bewusstseins-Matrix, beziehungsweise wie verankere ich eine neue Matrix in meinem Bewusstsein? Dies sind die Fragen, denen wir nachgehen sollten, wenn in uns der unstillbare Ruf nach Freiheit wieder erwacht ist.

In Deiner ganz persönlichen Bewusstseins-Matrix hat sich alles verankert, was Du jemals geglaubt hast. Ja, die Matrix ist ein kompliziertes, netzartiges Gebilde aus unzähligen Verknüpfungen verschiedenster Glaubensmuster, Überzeugungen, Vorstellungen und Konzepte.

Deine Realität, Dein gegenwärtiges Leben, ist die sicht- und erfahrbare Manifestation dessen, was Du glaubst. Und: je zweifelsfreier Du von dem, was Du glaubst, überzeugt bist, desto direkter setzt sich dies auch um. Anhand Deines Lebens kannst Du feststellen, welcher Beschaffenheit Deine Matrix ist. Die einzige Schwierigkeit, welcher Du begegnen wirst, ist die, dass Du beim Untersuchen Deiner Glaubensmuster oft an Überzeugungen und Vorstellungen gerätst, von welchen Du überzeugt sein wirst, dass sie nicht die Deinigen sind. Du kannst jedoch davon ausgehen, dass jedwede Überzeugung, die Dir in den Sinn kommt, Deine eigene ist. Immer, wenn Du verstehen willst, wie und mit welcher Matrix Du eine bestimmte Erfahrung erschaffen hast, frage Dich: Welche Überzeugung müsste Deiner Meinung nach jemand haben, damit er solches erlebt?!

‚Positiv denken' hilft hier nicht. Natürlich lassen sich so genannte positive Gedanken über jene Gedanken stülpen, welche Du immerzu neu kreierst, um etwas Bestimmtes zu erleben. Aber diese sind nicht stark genug, um Deine Matrix dauerhaft zu verändern. Dir geschieht immer danach, was Du wirklich glaubst und nicht nach dem, was Du selbst zu glauben vorgibst. Ich biete natürlich auch Kurse an, in denen man solche Dinge korrekt erlernen kann, aber ich möchte hier dennoch auf das Wesentlichste eingehen. Was also solltest Du wissen?

Hier meine zwölf Grunderkenntnisse zur Funktionsweise der Bewusstseins-Matrix:

1. Jede ungewünschte Erfahrung entspricht einem oder mehreren abgewehrten Gefühlen. Jede gewünschte Erfahrung entspricht einem oder mehreren gewünschten Gefühlen.
2. Realität wird durch Wunsch oder Widerstand erzeugt.
3. Bewusstsein ist Gefühl, nicht Verstand.
4. Das Leben will bloß gefühlt werden. Alles ist Gefühl.
5. Schicksal, Karma und Zufälle sind die Manifestationen unbewusster Matrixanteile.
6. Jede Bewusstseinsstruktur ist veränderlich und lässt sich somit auch verändern.
7. Jede Erfahrung lässt sich vor, während oder nach ihrer Manifestation auflösen.
8. Es gibt weder eine Objektivität, noch eine absolute Wahrheit.
9. Alles was existiert, wird in einem ständigen Prozess in jedem Augenblick von Dir (bewusst oder unbewusst) neu erschaffen.
10. Du bist immer das, womit Du Dich gerade identifizierst.
11. Jedes Gefühl, jede Kreation, alles ist in Ordnung.
12. Zeit und Raum existieren nicht, es ist immer Jetzt.

Diese Liste ist natürlich sehr vereinfacht. Sie beinhaltet jedoch alles Wesentliche. Hast Du diese Grundsätze einmal angenommen, öffnet sich Dir eine neue Welt, ein neues Leben, eine neue Freiheit des Seins, welche es Dir ermöglicht, selbst Deine kühnsten Träume zu realisieren.

Wie ein Phönix aus der Asche wirst Du Dich fühlen, dann wenn Du die Möglichkeiten entdeckst, welche auf Dich warten. Doch da gibt es noch ein kleines Problem... Um die bestehende Matrix zu ändern, musst Du in der Lage sein, jedes nur erdenkliche Gefühl, ohne jeglichen Widerstand, fühlen zu können. Denn alles, was restlos gefühlt ist, sozusagen „aufgefühlt" und dessen ursprünglicher Zweck somit erfüllt wurde, löst sich von selbst auf. Nur wenn es nicht gänzlich erfühlt wurde oder wenn es neu kreiert wird, kann es sich wiederholen. Solltest Du also gegen irgendein Gefühl noch Widerstand in Dir haben, so wird es immer wieder von Dir abgewehrt werden und ist somit gezwungen, sich immer wieder erneut zu manifestieren.

Jede Überzeugung, jede Vorstellung, jede Idee und jedes Konzept über Dich, Dein Leben, Deinen Nächsten und das gesamte Universums, *Gott* und die Welt werden von Dir mit kreativer Energie versorgt, aufgebaut und am Leben erhalten. Selbst globale, wirtschaftliche oder überpersönliche Realitäten, werden durch Deine Matrix- und Energieanteile, welche zusätzlich ja auch im Massenbewusstsein, der Menschheits-Matrix, vorhanden sind, miterschaffen. Du hast sowohl die Geschichte mitgeschrieben, wie auch Deine persönliche Realität. Du bist mit all dem verbunden und verwoben, solange bis Du Deine Anteile daraus gelöst hast. Mit etwas verbunden sein bedingt auch, dass Du die volle Mitverantwortung trägst mit allem, was Dir persönlich, Deinem Nächsten, dieser Menschheit, diesem Planeten, ja dem gesamten Universum, der gesamten Schöpfung widerfährt, widerfahren ist oder noch widerfahren wird.

Nun kannst Du vielleicht auch ermessen, weshalb so viele Menschen ein mühevolles Durchs-Leben-Vegetieren einem freien und bewussten Leben vorziehen. Ja, sie bevorzugen es zu leiden, um bloß nicht verantwortlich sein zu müssen. Sie glauben, sie könnten sich so der Verantwortung entziehen, indem sie sagen: „Das hat nichts mit mir zu tun." Diese Vogel-Strauss-Taktik funktioniert jedoch nicht. Genauso wenig, wie die Welt verschwunden ist, wenn Du die Augen schließt. Solche Menschen haben (noch) keine Wahl. Sie werden eines Tages dennoch mit all dem konfrontiert werden, dann jedoch als Opfer und nicht als Schöpfer. Dementsprechend intensiver wird auch ihr Leid ausfallen.

Widerstandsloses Leiden, so wie es Jesus, Gandhi und viele andere auf sich genommen haben, wirkt dagegen wie Balsam im Herzen derer, welche sich selbst auch dafür entschieden haben, die volle Verantwortung für ihre Kreationen zu übernehmen.

Schon als Kind stellte ich fest, dass eine Tasche, so ich sie tragen *musste*, unvergleichlich schwerer war als dann, wenn ich sie aus Liebe und Dienst am Nächsten aus freien Stücken tragen *wollte*. Du kennst das bestimmt. Es macht Dich selbst stärker und zufriedener. Das andere macht Dich schwach und träge, es knechtet Dich so lange, bis Du daran zerbrichst und Du Dich neu orientierst. Als Phönix, welcher der Asche eines unbewussten Daseins entstiegen ist, findest Du Dich in einer komplett neuen Welt wieder: Nichts ist mehr so, wie es war. Alles ist neu. Alles wird als Illusion erkannt und verliert für uns somit den Reiz dagegen anzukämpfen. Du fließt wieder mit dem Leben, Du bekämpfst es nicht mehr. Nichts ist mehr wirklich ernst oder speziell wichtig, alles vereint sich im Gleichklang einer allumfassenden Gleichwertigkeit. Alles ist wertvoll, jedes Gefühl, jeder Mensch, jede Situation, jede Vorstellung, jedes Konzept, jede Idee und jede Matrix.

Ja, wenn der Phönix in Dir – der Free Spirit – seine Flügel ausbreitet, dann wird aus Deinem mehr oder weniger trübseligen Gang durchs Leben ein Freudentanz. Frei wie ein Vogel fliegst Du dann von einer Erfahrung zur nächsten, bewegst Dich mit einer Selbstverständlichkeit durch verschiedenste Ebenen des Bewusstseins, welche zuvor unerreichbar schienen. Weder Schlaf noch Traum, weder Tod noch Raum und Zeit werden Dich aufhalten können. Der Flug des Phönix endet niemals, denn es sind die Schwingen Deines Geistes, welche Dich von einem Ende zum anderen und darüber hinaus, tragen werden.

Überall in der Welt erwacht nun das neue Bewusstsein. Du kannst teilhaben oder auch nicht, ganz wie Du möchtest. Alles wird offenbar, die Geheimnisse des Lebens öffnen sich... nicht etwa durch die Erforschung der menschlichen Gene, sondern durch die Veränderung des Bewusstseins vieler Menschen. Für Dich ganz persönlich ist es jetzt an der Zeit, Dich zu entscheiden, wohin Du gehörst. Ja, es ist die Entscheidung, welche Deine, meine und die Zukunft der Welt bedeutet. Es könnte sein, dass Dich diese Entscheidung alle Freunde, Deinen Job und sogar Deine Familie kostet, aber das, was Du dabei gewinnen kannst, ist ungleich viel mehr als alles, was Du jemals verlieren könntest! Nun, welche Entscheidung ist es denn, die einen solchen Einfluss auf das Ganze hat? Es ist die Entscheidung für ein Leben in vollkommener Wahrheit. Keine Lügen mehr, auch keine Notlügen. Nichts anderes mehr sein wollen, als Du selbst.

Keine Spiele mehr, keine Vortäuschungen, kein „Ja" und kein „Nein", wenn es nicht angebracht ist, absolute Authentizität. Absolute Selbstverwirklichung. (Verwirklichung dessen, was Dich ausmacht).

Dies mag im Moment etwas egoistisch für Dich klingen, aber das ist es keineswegs. Es hilft allen um Dich herum, ebenso ihr eigenes Leben, ihre eigene Wahrheit, Ihr eigenes Sein zu verwirklichen. Es wird alle glücklich machen, nicht bloß wenige, so wie unsere bisherige Lebensweise. Du arbeitest damit am Glück und Wohlergehen aller Wesen, erlaubst ihnen, sich auszubreiten und ebenfalls das zu sein und zu verwirklichen, was sie in Wahrheit sind: Free Spirits, welche der Asche und Finsternis der Unbewusstheit ihres bisherigen Opferdaseins entfliehen und ebenfalls mit den weit geöffneten Flügel ihres Herzens die Schönheit dieser Welt erfahren. Du wirst den Menschen Mut machen, sie inspirieren und ihnen mit Deiner Art zu leben den Weg bereiten. Welch´ größeren Dienst an der Menschheit könntest Du wohl vollbringen? Nichts ist mit dem vergleichbar. Nichts dient der Welt mehr als Dein eigenes Glücklichsein und nichts wird Dich selbst glücklicher machen als Deine persönliche Freiheit – welche in der Folge die Freiheit der anderen beinhalten wird. Keine Arbeit könnte für mich jedenfalls erfüllender sein, als den Menschen beim Erwachen zu helfen. Das Leuchten in ihren Augen zu sehen, dann wenn sie wieder beginnen, ihre Schwingen auszubreiten und sie wieder ein selbstbestimmtes Leben zu leben und zu genießen beginnen. Ihre Freude ist meine Freude, ihre Freiheit ist meine Freiheit, ihr Friede ist mein Friede, ihr Sein ist mein Sein. Wenn ich mich also als Teil eines grossen Ganzen betrachte, so gibt es für mich keine andere Wahl als am Glück meines Nächsten mitzuwirken. Dies ist meine freiwillig gewählte ‚Unfreiheit', welche ich mit Leichtigkeit und Freude gerne auf mich nehme. Bist auch Du bereit?

Schafft das Arbeiten ab und verdient locker mehr Geld!

Jawohl, Du hast recht gelesen: Schafft das Arbeiten ab! Was heißt es denn, zu ‚arbeiten'? Schon wenn ich das Wort Arbeit nur erwähne, weißt Du, dass es irgendwie etwas Mühseliges sein muss, oder? Arbeit heißt: morgens aufstehen müssen, zur Arbeit gehen müssen, gehorchen müssen, nett sein müssen, Geld verdienen müssen, sich anstrengen müssen, einige Wochen Urlaub haben müssen, überfordert sein und so weiter.

Wenn Du jedoch eine Vision verwirklichst oder einfach Deiner Berufung nachgehst, dann sieht das Ganze anders aus: morgens aufstehen wollen, zur Arbeit gehen wollen, gehorchen wollen, ehrlich sein, Geld verdienen, sich anstrengen wollen, sich keinen Urlaub nehmen müssen, herausgefordert werden wollen und so weiter. Auf welche Art, denkst Du, wäre es angenehmer zu leben? Welche Vorteile hat es denn, sein Überleben im Schweiße seines Angesichts sichern zu müssen, anstatt durch freudige Tätigkeit sein abenteuerliches Leben zu genießen?

Ich weiß, es klingt einerseits verlockend und andererseits unrealistisch. Einigen klingt dies sogar gefährlich. Ja, und es ist in der Tat gefährlich. Es gibt keine Versicherung und auch keine Garantie auf Erfolg und Überleben. Aber, es bringt Spannung und Abenteuer. Es birgt viele Überraschungen, schöne und weniger schöne in sich. Ängste kommen hoch und nichts, was an Unsicherem in Dir ist, kann verborgen bleiben. Alles, was Du bis dahin aufrecht zu erhalten versucht hast, wird in seinem tiefsten Fundament erschüttert werden. Willst Du das wirklich?! Dies ist der Preis und die Folge davon, wenn man in den Free Spirit eintauchen will. Ja, es sind in Wahrheit nicht das Geld, die Kursgebühren oder die zu investierende Zeit, nein, es ist die Angst, welche viele abhalten könnte, diesen Weg zu gehen. Aber es ist der einzige Weg! Alles, was Du tust, führt Dich früher oder später, an diesen Punkt. Je früher Du den Schritt wagst, umso weniger schmerzhaft wird diese Transformation für Dich werden. Du entscheidest es!

Eines aber kann ich Dir nur berichten: Der zu erwartende Lohn Deines Mutes wird um ein Vielfaches alle Deine kühnsten Erwartungen übertreffen! Doch den Lohn gibt es erst danach ‚im-Vorab'. Ja, danach, wenn Du einmal in diesen Geist des Seins eingetaucht bist, fließt Dir ständig Lohn zu, schon bevor Du etwas getan hast. Du kannst gar nie so viel tun, um dem Lohn dadurch gerecht werden zu können. Du musst Dich nun wohl oder übel damit abfinden, dass Du in einer geradezu paradiesischen Dimension lebst, welche Dir alles, aber auch wirklich alles zu Füßen legt.

Bevor ich Dir jedoch die ganze Hoffnung auf Orientierung zerstöre, will ich Dir etwas über das Kalkül der Menschen – ‚Orientierung' genannt – erzählen:

Der Maßstab

Orientierung/Die Sucht nach Referenzpunkten

Alles entscheidet sich letztlich dadurch, *woran* beziehungsweise *wonach* der Mensch sich orientiert.

Es gibt viele gute Ansätze, sowohl in der Psychologie, wie auch in der Esoterik, um den Menschen zu helfen. Doch manchmal kommt es beiderorts nicht so richtig rüber, worum es wirklich geht. Dem möchte ich hier ein wenig abhelfen und hoffe, Dir damit etwas mehr Klarheit und Verständnis dessen vermitteln zu können, was letzten Endes unsere ganze Lebensweise, unsere Beziehungen, unsere Gesellschaft und auch unser spirituelles Werden bestimmt.

Stell Dir mal vor, Du wärst gerade dort, wo Du jetzt bist und hättest keinen Orientierungspunkt. Du befindest Dich irgendwo auf diesem Planeten und bist völlig fremd; weißt nicht, wo Norden, Osten, Westen oder Süden ist... kein bekanntes Gebäude... keine Arbeit... keine Familie... keine Freunde... keine Feinde... keine Ideale... keine Gesetze... keine Moral... keine Glaube... keine Wegweiser... keine Schilder... keine Landkarte... keine Kompass... kein Ziel... kein Sternenhimmel... kein Gott. Du kannst Dich absolut nicht orientieren.

Wie fühlt es sich an? Was kannst Du auf folgende Fragen antworten:

- Wo bin ich?
- Woher komme ich?
- Wohin gehe ich?
- Was tue ich?
- Wer bin ich?
- Was ist der Sinn des Lebens?

Siehst Du, jetzt bist Du völlig verloren. Plötzlich weißt Du gar nichts mehr. Nun bleibt Dir nichts anderes mehr übrig, als Dich hinzugeben oder wahnsinnig zu werden. Die meisten Menschen jedoch trauen sich nicht, die Hingabe zu leben. Es ist ihnen zu unsicher, man weiß ja nicht, wohin das führen wird. Also lässt man es sein.

Und nun, da sie nur noch eine Möglichkeit haben, nämlich wahnsinnig zu werden – aber das wollen sie ja auch auch nicht – fangen sie an, sich Referenz- und Orientierungspunkte zu schaffen.

Sich nicht orientieren zu können, bedeutet Unsicherheit, Verzweiflung, Wahnsinn... Um dieser Verzweiflung auszuweichen und ihr möglichst nie zu begegnen, haben sie sich dermaßen mit Referenzpunkten zugepflastert, dass es schon wieder so viel wird, wonach sie sich nun orientieren müssen, dass sie ebenfalls fast wahnsinnig darob werden. Es scheint ein echter Teufelskreis zu sein. Sie leben dann wie in einem Drogenrausch und sterben an Überdosis von Referenzpunkten. Plötzlich stellen sich wieder dieselben Fragen (nur in umgekehrter Reihenfolge): Was ist der Sinn des Lebens? Wer bin ich? Was soll ich tun? Wohin soll ich gehen? Woher komme ich eigentlich? Wo bin ich?

Je detaillierter der Maßstab ist, nach welchem ich mein Leben orientiere und gestalte, desto enger wird mein Bewusstsein, desto kleiner meine Freiheit und desto unmöglicher wird es, glücklich zu sein.

Desorientiert vor lauter Orientierung

Suchtlevel 1 und wo dieser endet...

Die Menschen überfüllen sich – aus lauter Angst wahnsinnig zu werden – mit den verschiedensten Referenzpunkten. Um die Referenz dafür zu bekommen, wo sie sind, brauchen sie Landkarten, Straßenschilder, IKEA, ein Rathaus, Bahnhöfe oder Flughäfen. Oder zumindest einen Horizont, die Sonne, den Mond und die Sterne. Auf dieser Ebene besteht noch keine Gefahr der Überdosierung. Man erkennt die Süchtigen dieser Ebene daran, dass sie sich nicht trauen ihr Land zu verlassen oder ihre Stadt, ihr Viertel, ihr Haus, ihre Wohnung oder gar – bei absoluter Abhängigkeit – ihr Zimmer. Ganz am Ende sperren sie sich so lange in ihren Körper ein, bis sie es selbst nicht mehr aushalten und sich umbringen. Sie lebten als Opfer.

Suchtlevel 2 und wo dieser endet...

Um die Referenz dafür zu bekommen, zu erkennen, woher er kommt, benötigt der Mensch auf dieser Stufe entweder die Wissenschaft der Evolution oder aber einen Gott, der alles regelt. Erstere behaupten dann, dass sie nur glauben, was sie sehen oder was sich beweisen lässt, die anderen bemessen alles an einer sich selbst gemachten Vorstellung eines Gottes, welcher oft noch mehr Regeln und Gesetze aufstellt als die irdische Justiz. Entweder wollen sie erfolg- und ruhmreich sein oder aber ein moralisches Leben leben.

Für die Materialisten kommen die Menschen aus der Erde, rein biologisch, und für die anderen entstammen sie dem Paradies oder dem Himmel, wohin sie auch zurück wollen. Die einen enden auf diesem Suchtlevel also im Sarg und die anderen im Paradies, auf jeden Fall tot. Und sie lebten als Opfer und Täter.

Suchtlevel 3 und wo dieser endet...

Um die Referenz dafür zu bekommen, zu erkennen, wohin dieser Mensch geht, braucht er Ziele. Diese Ziele können materialistischer, spiritueller oder auch rein ideeller Natur sein. Auch auf dieser Ebene wird das Leben ziemlich anstrengend sein, aber hier besteht schon die Möglichkeit, sich aufgrund des vermeintlichen Erfolges in Bezug auf das Erreichen gewisser Ziele glücklich zu fühlen. Na ja, sie sind nicht wirklich glücklich, aber sie fühlen sich manchmal so, sie sind nicht wirklich selbstbestimmt, aber sie fühlen sich manchmal so, sie sind nicht wirklich erfolgreich, aber sie fühlen sich manchmal so und sie sind nicht wirklich unabhängig, aber sie fühlen sich zumindest manchmal so. Sie sind tot, sobald sie ihre Ziele erreicht haben. Sie lebten in der Selbsttäuschung.

Suchtlevel 4 und wo dieser endet...

Um die Referenz dafür zu bekommen, zu erkennen, was er tut, benötigt dieser Mensch die Welt als Spiegel. Hier beginnt das Erwachen aus dem tiefen Schlummerzustand der ersten drei Ebenen des Daseins. Langsam dringt das Licht der Bewusstwerdung in sein Bewusstsein und er beginnt aufgrund der Referenzpunkte 1-3 zu eruieren, wo er steht. Dadurch erhofft er sich Aufschluss darüber, was er tun soll. Hier befindet sich die nicht ganz so einfache Übergangsebene, wo der Mensch versucht ein guter Mensch zu sein. Er wird an diesem Punkt mit sich selbst und möglicherweise auch mit den anderen ziemlich hart ins Gericht gehen. Er möchte den absoluten Maßstab für die richtige Lebensweise festlegen und er will keine Fehler mehr machen. Selbstverantwortung taucht auf und erstmals finden echte Bemühungen statt sich selbst zu verändern. Menschen auf diesem Level verletzen zwar die anderen immer noch, aber sie meinen es zumindest gut. Sie sterben an Besserwisserei, sofern sie nicht den Schritt auf den nächsten Level tun. Sie lebten als eine Identität.

Suchtlevel 5 und wo dieser endet...

Um die Referenz dafür zu bekommen, zu erkennen, wer sie sind, finden diese Menschen ihren Meister. Hier endet der Weg nach außen und führt von nun an nach innen.

Es wird nun ganz neues Territorium betreten und dafür braucht es ganz andere Referenzpunkte und Orientierungswerkzeuge. Sie beginnen auf ihre Gefühle zu vertrauen, fürchten nicht mehr Fehler zu machen und leben ein spannendes Leben, so wie ein Schmetterling, der sich eben aus seiner Verpuppung befreit hat. Sie wollen leben! Sie sterben glücklich und fliegen auch nach dem Tod weiter. Sie lebten als Persönlichkeit.

Suchtlevel 6 und wo dieser endet...

Um die Referenz dafür zu bekommen, zu erkennen, was der ‚Sinn des Lebens ist', benötigen sie Hingabe. Hier kann man eigentlich nicht mehr von einem Suchtlevel reden. Auf dieser Ebene findet nämlich die Befreiung von allen Suchtleveln statt. An diesem Punkt gibt man sich dem Leben, so wie es ist, einfach hin und genießt. Man weiß, dass man nichts weiß und hat aufgehört zu beurteilen. Alle Maßstäbe haben sich verloren und diese Menschen zeichnen sich durch bedingungslose Liebe, Wertschätzung, Mitgefühl, Toleranz, Friedfertigkeit, Großzügigkeit und Demut aus. Sie haben aufgehört zu bewerten und zu urteilen und sie nehmen alles so, wie es ist. Sie leben in dieser Welt, aber sie sind nicht mehr von dieser Welt. Sie tragen die volle Verantwortung für alles, was ist. Sie sind erwacht und wissen, dass sie Gott sind. Der Sinn ihres Lebens ist es: zu Sein. Sie leben im Augenblick und sterben daher nie. Sie sind es, welche die Welt, sofern sie sie erkennt, als Erleuchtete bezeichnet.

Die Dosis macht das Heilmittel

Je tiefer der Bewusstseinslevel, desto höher die ‚benötigte' Referenzpunktedosierung.

In erster Linie gilt es, einerlei auf welcher Ebene Du Dich gerade befindest, die richtige Dosis zu finden. Am Anfang der Entwicklung wird die Dosis höher sein, ja oft sogar überdosiert. Dies führt natürlich zu gewissen Erfahrungen und man möchte sich davon wieder befreien. Es entsteht der Drang nach Freiheit und Selbstbestimmung. Wenn man sich dann auf den Weg der Befreiung begibt, treten natürlich Entzugserscheinungen auf, das ist in Ordnung. Interessanterweise ist dieser Entzug für unsere Freunde, Partner, Familie und andere uns eng umgebende Menschen oft schlimmer als für uns selbst. Du wirst bemerken, dass sie Dich plötzlich davon abbringen möchten, Dich zu verändern.

Du wirst Dich fragen, ob sie Dich wirklich jemals geliebt haben oder ob sie Dich nur deshalb mochten, weil Du ihre Wünsche und Bedürfnisse erfüllt hast. Und Deine Erkenntnis wird möglicherweise schockierend sein, wenn Du erkennst, dass es tatsächlich bei den allermeisten so gewesen ist. Dem entsprechend wird sich Dein Umfeld mit absoluter Sicherheit verändern. Und das ist gut so. Es findet Veränderung auf jeder Ebene statt, auch Dein Körper wird gesunden, Deine Seele und Dein Umfeld werden sich reinigen und befreien. Da musst Du einfach hindurch. Es ist die Zeit, wo der Schmetterling seinen Kokon aufbricht und sich ins wahre Leben hinein entfaltet. Ohne diesen Schritt zu tun, wirst Du niemals fliegen können. Ohne diese vermeintlichen Verluste wirst Du niemals frei sein können.

Und auch wenn die anderen Dir auf Deinem Flug nicht folgen können, so wirst Du nicht lange alleine sein und bald schon auf Deine neuen Gefährten treffen. Sie warten auf Dich! Lass Dich nicht beeindrucken. Deine früheren Gefährten werden bisweilen hartes Geschütz auffahren, sie werden Dir drohen, Dich bestrafen, Dir ihre Liebe entziehen, Dich belächeln, Dich umgarnen und was auch immer, um Dich von Deinem Vorhaben abzubringen. Sie meinen es tun zu müssen, denn jetzt ist da jemand, der ihnen aufzeigt, dass sie gegen ihr eigenes inneres Sein gelebt haben und noch leben. Damit wollen sie sich nicht konfrontieren, denn das hätte ja zu viele Konsequenzen für ihr Leben. Deshalb projizieren sie naheliegenderweise alles auf Dich. Ihre ganze Unzufriedenheit, ihre Unselbständigkeit, ihr Gebundensein, ihre Ängste usw. Sie wünschen sich nichts sehnlicher, als dass alles so bliebe, wie es war.

Ich kann das gut verstehen, aber wenn man den Schritt erst einmal gemacht hat, dann weiß man, wie wesentlich er war und wie sehr er sich gelohnt hat. Und man weiß dann auch, dass es für alle anderen Menschen und deren Selbstverwirklichung die bestmögliche Unterstützung gewesen ist. Einmal wenigstens hat man einen echten Dienst am Nächsten geleistet. Freue Dich! Ja, freue Dich selbst dann, wenn sie Dich dafür ans Kreuz nageln würden. Du hast das Richtige für Dich getan, Du bist Deinem Herzen gefolgt und beginnst wieder richtig zu leben. Keine zehn Pferde könnten Dich jemals wieder in die alte Bequemlichkeit eines Lebens zurückbringen, in dem es letztlich nur darum ging, seine Ängste zu vermeiden, allen zu gefallen, um sich damit ‚Liebe' zu erkaufen oder eben einfach um möglichst bequem und problemlos überleben zu können. Tja, die Menschen lieben Dich so sehr, dass Du davon gar nichts mehr bemerkst, wenn Du anfängst, Dich von Deiner Sucht nach Orientierungsmöglichkeiten zu befreien und wieder beginnst, Deinem inneren Maßstab zu folgen.

Zum Abschluss meiner Erläuterung wäre es sicher angebracht, sich zu fragen:

- Weshalb tue ich mir das alles an?
- Für wen oder was habe ich mich ein Leben lang selbst verleugnet?
- Lohnt sich das?
- Wäre es nicht an der Zeit, das zu verändern?
- Wovor fürchte ich mich denn?
- Wann will ich es tun?

FREE SPIRIT nennt sich nicht nur das von mir entwickelte neue Bewusstseinstraining, FREE SPIRIT ist eine Lebensphilosophie für Menschen, denen es wirklich ernst mit ihrem eigenen Erwachen und dem Dienst am Nächsten ist. Es kann Dir helfen, all jene von mir beschriebenen Schritte zu tun. Es ist bloß ein Angebot, doch versichere ich Dir, da gibt es schon einige *Schmetterlinge*, die auf Dich warten. Und weißt Du was? Weil wir nicht sterben, können wir lange, sehr lange auf Dich warten. Wann immer Du entscheidest den nächsten Schritt zu gehen, ist es der richtige Zeitpunkt und wir werden da sein. Klar, einige mögen mich jetzt belächeln oder irgendetwas auf mich projizieren, das ist o.k. Nun wissen wir ja, weshalb sie das tun und wir wissen, dass sie es nicht bewusst tun, sondern im Rausch der Sucht nach Orientierungsdrogen. Wir kennen das alle. Wir waren ja derselben Sucht anheim gefallen und wir wissen, dass es viel Mut, Ausdauer und Willenskraft bedarf, um sich von ihr zu lösen.

FREE SPIRIT ist wie ein Kraftelixier, wie ein Gegenmittel. Es verringert die Entzugserscheinungen auf ein Minimum und auch die unangenehmen Folgen im Bereich unserer Familie, Partner und Freunde können so auf ein erträgliches Maß beschränkt werden.

FREE SPIRIT-Sein

Der Free Spirit umgibt uns überall

Free Spirit ist überall, immer. Er umgibt und durchdringt alles und zu jeder Zeit. Free Spirit ist nicht neu, was immer es auch sein mag, es durchströmt und belebt alles, was existiert. Er ist da, wo Du hinkommst, da, wo Du herkommst und da, wo Du gerade bist. Das Unglaublichste an ihm ist, dass er sogar dort ist, wo nichts ist, wo keiner herkommen oder hingehen kann. Free Spirit hat weder einen Anfang noch ein Ende. Das ist schwer zu verstehen, weil unser Gehirn immer für alles einen Anfang und ein Ende haben muss, um es erfassen zu können. Somit ist klar, dass es nicht mit dem Verstand erfasst werden kann. Der Free Spirit entzieht sich unserem Verständnis vollkommen. Deshalb können wir ihn nur umschreiben oder anhand seiner Auswirkungen feststellen, dass er vorhanden ist. Der Rest ist reine Interpretationssache. Es scheint so zu sein, wie es sich gemäß der Theorie der Quantenphysik zeigt: Wird nach Quanten Ausschau gehalten, sind sie da, wenn nicht, dann sind sie nicht da. Hm... das klingt ja schon ziemlich verrückt, oder?!

Es ist also schwer zu sagen, ob es den Free Spirit tatsächlich gibt oder nicht. Beides ist wahr. Oje, schon wieder ein Paradoxon! Wie dem auch sei, es lässt sich daraus die Frage ableiten, ob es uns (als) Menschen wirklich gibt? Genau genommen gibt es keinerlei Beweise dafür, dass wir leben. Und in der Tat behaupte ich, dass wir uns bloß vorstellen zu leben. Ich behaupte, dass wir schlafen und träumen. Nur zu sagen, dass man nicht schläft, bloß weil man Dinge anfassen, sehen und riechen kann, bloß weil man Schmerz und Freude verspürt, ist in keinster Weise dafür tauglich, zu beweisen, dass wir leben. Hast Du schon einmal geträumt? O.k.. Konntest Du in Deinen Träumen nicht auch Dinge anfassen, in Häusern Treppen hochsteigen, Dich freuen, leiden, lieben, lachen, weinen, riechen und sehen? Na siehst Du! Und welches ist jetzt das richtige Leben? Anhand welcher Parameter kannst Du das entscheiden? Meist ist es einfach so, dass Du es eben nicht erkennen beziehungsweise unterscheiden kannst, solange Du mitten drin bist. Es gibt Ausnahmen, wo man weiß, dass man gerade träumt, das kennst Du bestimmt auch, oder? Man nennt es luzides Träumen. Was viele jedoch nicht wissen, ist, dass es auch so eine Art luzides Leben gibt.

Luzides Leben

Mein Leben ist ein Traum! Jeder Erwachte lebt ein traumhaftes Leben. Er weiß ganz einfach, während er hier lebt und mit uns Dinge erlebt und seine Erfahrungen hier macht, dass er träumt. Eine Folge davon ist, dass man in diesem Traum-(Er-)-Leben nicht mehr alles so ernst nehmen kann. Es erwacht eine ungeahnte Leichtigkeit des Seins. Hier beginnt das bewusste Leben im Free Spirit. Hier beginnt das Leben wieder interessant und spannend zu werden. Hier beginnt man Dinge zu erkennen wie: Das Ernsteste im Leben ist der Ernst selbst; Nichts ist so wichtig, wie nicht alles-so-wichtig-zu-nehmen; *Gott* liebt Dich; Es gibt keine Trennung, wir sind alle und alles eins; Ich Bin usw. Rein theoretisch kann man das zwar schon vorher irgendwie verstehen, aber Dein Leben wahrhaft beeindrucken können solche Erkenntnisse erst dann, wenn man sie in ihrer Tiefe selbst erfahren hat.

Gibt es einen Weg zu dieser Erleuchtung?

Ja, es gibt einen Weg dorthin. Obwohl, eigentlich kann es ja gar keinen Weg geben, da – wie wir wissen – weder Raum noch Zeit tatsächlich existieren und somit kann es auch kein Da und Dort geben. Ups, schon wieder so ein lästiger Widerspruch... Echt, es geht eigentlich nicht darum einen Weg zu gehen, sondern darum, es zuzulassen. Wir müssten uns eigentlich langsam daran gewöhnen, dass – wenn wir überhaupt leben wollen – dann: in der Gegenwart. Es gibt ein Leben! Aber es findet nicht dort statt, wo Du Dich gegenwärtig (bewusstseinsmäßig) befindest. Deshalb fällt es vielen Menschen so schwer, wahrhaft glücklich zu sein. Das ist also kein Wunder. Wie kann man denn schon wirklich glücklich sein, wenn man fühlt, dass man noch nicht wirklich lebt?! Unsere Seele weiß, was es heißt zu leben! Und sie sendet ständig Signale – Intuitionen, die uns das rechte Ziel weisen. Wir müssten ihr nur nachgeben, geschehen lassen, vertrauen und uns diesem inneren Impuls einfach hingeben. Es ist wie das Eintauchen in sein innerstes Zentrum.

Wenn Du das getan hast und wieder auftauchst, so erscheint ein ganz anderes Du als jenes, das eintauchte. Du hast eine Transformation erfahren, ja Dein Ego hat sich gewandelt und Du bist in Deinem Selbst aufgegangen. Nun blühst und duftest Du wie eine Blume. Das hat natürlich seinen Preis...

Der Preis und die Gefahren des Erwachens

Einen Unterschied musst Du kennen. Den Unterschied zwischen ewig und dauerhaft. Die Seele ist einer immer blühenden Blume vergleichbar. Sie ist ewig. Das Ego stellt ein äußerliches Zentrum dar, welches Dir von der Gesellschaft aufoktroyiert, indoktriniert wurde; es ist vergleichbar einer künstlichen Blume. Sie ist bloß dauerhaft. Die Seele vermag deshalb ewig zu blühen, weil sie eben nicht dauerhaft ist, sondern sich ständig erneuert. Sie befindet sich ständig in Veränderung und erblüht in jedem Augenblick neu. Das Ego ist immer gleich. Es will ja auch gar nicht mehr, als seinen Platz in der Gesellschaft einnehmen und verteidigen. Deshalb ist ein Ego immer im Kampf. Es kämpft um seinen Platz, um sein Überleben, um seine Existenz. Genau genommen hat es ständig Angst vor dem Tod.

Das Ego – Ein hungriges Tier

Wie stirbt eigentlich ein Ego? Es verhungert. Wovon lebt es eigentlich? Von der Aufmerksamkeit anderer. Somit wird klar, dass das Ego ein Parasit ist, ein Bettler. Es sucht ständig Aufmerksamkeit und da es diese nicht aus dem innersten Zentrum seiner selbst bekommen kann, weil da kein Zentrum ist, das als innere Energiequelle dienen könnte, erbettelt es sich Aufmerksamkeit also von außen. Das Ego ist somit ständig darum bemüht, Nahrung zu bekommen. Wird ihm diese nicht freiwillig gegeben, so beginnt es, sie einzufordern. Dies beginnt zunächst ganz subtil. Später dann, wenn es auf diese Weise nicht satt wird, geht es zu brutaleren Methoden über. Es muss dann um jeden Preis auffallen und bemerkt werden, sonst leidet es. Dies kann mitunter so weit führen, dass es sogar zu kriminellen Handlungen greift, um Aufmerksamkeit zu stehlen oder zu erzwingen.

Es ist logisch, dass ein künstliches Ego ohne eigenes Zentrum auch künstliche Nahrung ohne Nährwert zu sich nimmt. Was dann in der Folge bedeutet, dass das Ego nie gesättigt ist und sein Hunger, seine Gier, immer größer werden. Nun ist der Punkt erreicht, wo es richtig gefährlich wird. So ein hungriges Ego-Tier wird nicht selten zu einem reißerischen Tier gleich einer Hyäne, welche sich über andere her macht. Es sind dann jene Menschen, denen man alleine im Dunkeln nicht gerne begegnet. Denn sie brauchen keinen Grund, um Dich anzugreifen. Und, Gott sei Dank, fallen sie meist über ihresgleichen her. Das Ego fühlt sich wohl dabei. Es leidet zwar und lebt im Dunkeln, aber es kennt sich wenigstens aus. Es fühlt sich sicher. Die Hauptaufgabe eines Egos ist es demnach also, Probleme zu erschaffen.

Ja, es erschafft ununterbrochen scheinbare Probleme, welche es dann entweder scheinbar löst oder nicht, nur deswegen, um nicht zu verhungern. Das ist die Bedeutung davon, dass gesagt wird, das Ego nähre sich von Finsternis. Und das muss so sein, denn Lichtnahrung zerstört es. Es geht also tatsächlich um Sein oder nicht Sein. und das ist keine Frage, sondern ein Faktum, eine wertfreie Feststellung.

Das Ego ist immer Opfer, selbst als Täter

Da das Ego also kein eigenes Zentrum besitzt und sich somit gezwungen sieht, sich von einem äußeren, künstlichen Zentrum zu nähren, ist es logischerweise immer in Reaktion. Das Ego verhält sich, in dieser Hinsicht genau wie der Verstand. Wenn kein äußerer Impuls kommt, hört es auf zu existieren. Immer wenn Du Dich als Opfer, Angegriffener oder verletzt fühlst, hat Dein Ego dies erschaffen, um sich lebendig zu fühlen. Es ist zwar eine große Lüge, alles was schmerzt, aber es tut dem Ego so unendlich gut zu leiden. Es genießt die Macht des Opferseins in vollen Zügen und wenn es sich daran gewöhnt hat, dann ist es nicht leicht, ihm das wieder abzugewöhnen. Einem Opfer kannst Du noch so gute Vorschläge und Angebote unterbreiten, es wird nie zufrieden sein. Du kennst das bestimmt... von Freunden natürlich. ☺

Ohne sein Opfersein ist ein Ego machtlos. Aber was für eine Macht ist das schon? Die einzige Macht, die es besitzt, ist, die Macht den anderen die Macht zu geben. Die anderen, die Welt, die Wirtschaft, die Bank, der Partner, die Partnerin, die Kinder, die Familie, der Boss usw. bestimmen, wie das Ego sich fühlt, was es darf und was nicht. Brrrr... was für ein Leben! Dann lieber ein Leben lang von der Gesellschaft geächtet als von anderen Egos geschächtet. Nein, jetzt aber Spaß beiseite: Wenn Du wirklich Dein eigenes Leben leben willst, ist ein Ego verhaftetes Leben sicherlich nicht die bevorzugte Wahl. Tja, und auch das gehört zum Preis: Das Opfersein wirst Du wohl oder übel hergeben müssen.

Das Selbst – Zentrum der Nahrung für die Seele

Hast Du jedoch erst einmal das Zentrum Deines Selbst erreicht, nährst Du Dich aus Dir selbst heraus. Du bist dann nicht mehr auf die Almosen anderer angewiesen. Dadurch bist Du unabhängig und frei. Man kann Dich nicht mehr damit in die Falle locken, dass man sagt: Wenn Du das machst, bekommst Du dies oder jenes. Mit anderen Worten: Du bist nicht mehr manipulierbar. Du kannst aus Dir selbst heraus leben und Deine Lebensblume erblühen lassen.

Zwar nicht beständig, nicht immer gleich, nicht in Sicherheit, dafür aber ewig und authentisch. Das ist es, was die Welt von Dir braucht: Dich, so wie Du wirklich bist! Die Gesellschaft – auch Deine Freunde und Familie gehört dazu – verlangt von Dir jedoch bloß, dass Du ein lebloser, angepasster Ego-Roboter sein sollst. Einem erwachten Menschen jedoch, einer lebendigen Seele, ist es nicht mehr möglich dem Druck der Allgemeinheit nachzugeben. Die Allgemeinheit ist immer gemein zu allen. Nicht weil sie böse ist, sondern weil sie es nicht besser weiß. Wenn Du aber ein Licht für diese Welt sein möchtest, dann musst Du einen anderen Weg beschreiten, einen individuelleren, Deinen eigenen; Du wirst zu einem Free Spirit einerlei, als was Du diesen dann gerne bezeichnen würdest. FREE SPIRIT ist nur eine Möglichkeit von vielen und bestimmt nicht die schlechteste...

Das Ego ist unsterblich

Eigentlich ist es recht witzig, dass das Ego ständig ums Überleben und gegen den Tod kämpft, obwohl es gar nicht sterben kann. Ja, denn was gar nicht lebt, was schon tot ist, das kann doch nicht sterben. Da sehen wir also, dass das Ego sich selbst offenbar für lebendig hält. Frage ein Ego, ob es glücklich ist und es wird Dir antworten: Ja. Und selbst dann, wenn es sehr gelitten hat, wird es Dir mit ausdrücklicher Mimik und großen Augen bezeugen, dass es wenigstens gelebt hat. Selbst dann, wenn es täglich betrunken, im Arbeitsstress oder in finanziellem und spirituellen Mangel lebt, wird es antworten: Ja, das ist das Leben, ich habe wenigstens gelebt!

Tja, wie ich schon sagte, der Preis ist hoch. Das Erwachen wird für die meisten ein ziemlicher Schock sein. Plötzlich wird klar, dass man keine Ahnung vom Leben hatte und es kommt einem so vor, als wäre alles bloß ein Albtraum gewesen; das ist schon hart. Aber, Gott sei wieder einmal Dank, zwingt uns keiner aufzuwachen. Wir können viele Leben lang weiter dösen und so tun, als ob wir lebten. Das ist möglich und es ist auch o.k., so lange zumindest, wie es Dir genügt. Im Nachhinein fragt man sich jedoch schon, wie einem das genügen konnte... Das Ego kann keine wesentlichen Fragen stellen und schon gar nicht eine wesentliche Antwort verstehen. Diese entziehen sich seinem Verständnis vollkommen. Das Ego kann also nicht verstehen und – auch nicht sterben, hm... Aber, es kann unglaublich unzufrieden werden. Und das ist sein größter Segen.

Es hat dann offenbar so lange geschlafen, dass ihm nur schon das Liegen unbequem geworden ist. Nun rückt der Zeitpunkt des Erwachens unweigerlich näher.

Natürlich kann man auch früher und freiwillig aufstehen, aber wer macht das schon... Insofern brauchen wir uns also nicht zu bemühen, andere aufzuwecken. Das ist sowieso ein undankbarer Job. Wir können einfach zuwarten bis jemand die Lust aufzustehen in sich verspürt. Dann wird er von sich aus seine Suche beginnen und uns möglicherweise auch finden. Wenn er uns findet, dann sind wir erstens gerne bereit und zweitens auch in der Lage, ihn mit seinem neuen Leben anzufreunden. Wir können unterstützen, in diesem neuen Gebiet, Sicherheit, Stabilität und Lebensfreude zu gewinnen. FREE SPIRIT ist wohl der einzige Kurs weltweit, welcher nur auf seine Teilnehmer warten muss. Ach, wie entspannend so was doch ist! Wir zeigen uns und dann warten wir; kein Nachlaufen, kein Nachtelefonieren, kein Druck, keine Absagen, bloß zeigen, warten und erreichbar sein. Dies ist natürlich nicht die Vorgehensweise eines Egos. Das Ego rennt immer schneller als die Zeit reif ist... Warten können, Schweigen können, Vertrauen zu haben und entspannt zu sein, sind Merkmale des Selbst, der Seele des Erwachten oder zumindest des Weisen.

Könnte es sein, dass es leichter ist, sein Ego und seinen Verstand freiwillig loszulassen als es bzw. ihn zu verlieren? Könnte es sein, dass grundsätzlich alles, was unfreiwillig mit Dir geschieht, schmerzhafter ist, als das, was Du selbst für Dich entscheidest? Du nickst gerade? Schön. Dann ist für Dich die Zeit vielleicht schon reif, den nächsten Schritt zu tun...

Das Leben als Free Spirit

Als Free Spirit zu leben bedeutet, dass Du Dich wieder dem Leben öffnest, dem Licht, der Schönheit und all den schönen Dingen sowie auch Dir selbst und dass Du wieder zu vertrauen beginnst. Du vertraust dem Leben, der Unsicherheit, dem Schmerz, der Ewigkeit... Du gestaltest wieder aktiv Dein Leben und zwar so, wie Du es willst, Deine Seele wird genährt und mit jedem Tag wird sich Dein Glück vermehren.

Es fällt einem Free Spirit schwer, sehr schwer sogar, echte Probleme zu haben. Er ist sich bewusst, dass alles Illusion und das Leben ein Spiel ist. Dennoch wird er es mehr denn je wertzuschätzen wissen und der ganzen Existenz mit mehr Respekt und Achtung begegnen.

Alles, was die Kirchen oder andere esoterische Zirkel und Gemeinschaften an Tugenden von Dir verlangen, welche Du bis dahin nie verwirklichen konntest, entstehen und wachsen von selbst und vom Selbst aus Dir heraus. Ganz natürlich, ohne Vorgabe, ohne Anstrengung und ohne Androhungen unangenehmer Folgen.

Als Free Spirit bist Du Meister oder Meisterin Deines Lebens. Du arbeitest, was Du willst, verdienst, was Du willst, machst Urlaub, wann und so lange Du willst, pflegst Freundschaften, die Du wirklich haben möchtest, sagst, was Du denkst und genießt, was immer Du genießen möchtest. Klingt das nicht ziemlich verlockend?

Gut, andererseits muss ich auch erwähnen, dass ein Free Spirit auch die volle Verantwortung für alles übernimmt. Sowohl für das, was ihn direkt betrifft, wie auch für jenes, was scheinbar in der Außenwelt geschieht. Er hat also keine Möglichkeit mehr das Opfer zu sein. Und wenn er es dennoch bevorzugt eine solche Opferrolle zu spielen, dann ist er sich dessen bewusst, dass er sie bloß spielt. Dann kann er es wenigstens auch bewusst genießen. Ja, in welcher Lebenslage sich ein Free Spirit auch befindet, er ist und bleibt ein wertschätzender Genießer, immer.

Free Spirits sind und leben (im herkömmlichen Sinne) also weder bescheiden noch genussabgewandt. Sie gönnen sich ihre Bedürfnisse und somit gönnen sie auch den anderen ihre Wünsche. Ja, sie helfen sogar gerne und aktiv mit bei deren Verwirklichung. Wenn Du also zum Beispiel einen anderen Kurs besuchen möchtest, Dir aber z.B. das Geld dazu fehlt, dann helfen sie Dir genau so gerne Deine Begrenzungen zu überwinden, als wenn Du Dich zu unserem Kurs entschieden hättest. Das findest Du ja wohl nicht überall.

Free Spirits sind jene Menschen, welche einen schlechten Service im Restaurant manchmal durchaus mit viel Trinkgeld ‚bestrafen'. Sie agieren einfach anders als andere, die bloß reagieren. Das macht sie jedoch auch irgendwie unberechenbar und dadurch wird es auch schwierig, einen Free Spirit zu kaufen. Man kann sie kaum bestechen, weder mit Schmeicheleien noch mit Drohungen. Aber man kann sie gewinnen! Mit Offenheit, Aufrichtigkeit, Mitgefühl und Wertschätzung. Und wenn Du einen Free Spirit als Freund gewinnst, dann hast Du auch wirklich einen Freund! Wenn Dich ein Free Spirit liebt, dann liebt er Dich nicht wegen dem, was Du tust oder hast, sondern aufgrund dessen, was Du Bist – dass Du Bist.

Wenn der Free Spirit seine Schöpfung erfüllt

Natürlich begegnet man auch als Free Spirit seinen täglichen Herausforderungen, aber der Umgang mit ihnen ist ein völlig anderer. Ein Free Spirit erkennt und anerkennt sich als Ursprung des eigenen Daseins. Na ja, da Du kannst Du Dir ja vorstellen, wie man dann mit Herausforderungen umgeht, wenn man weiß, dass man die Umstände für jede Erfahrung, für jede Situation des Lebens, für jeden Schmerz und auch für jede Freude selbst erschuf... Wenn man anfängt, sich selbst bewusst als Schöpfer oder Schöpferin zu sehen und alles andere als die eigene Schöpfung, dann nimmt schon alles eine andere Qualität an. Und da es in einem solchen Bewusstsein keinen Schuldigen gibt, sondern nur den Schöpfer, welcher gerade seine eigene Schöpfung erfährt, können wir uns direkt und ohne Umschweife an die Lösung heranmachen und die Geschichte sozusagen erledigen. Man könnte auch so sagen: Der Schöpfer erfüllt (er fühlt) seine Schöpfung. Und wenn er dies tut, beginnt sie sich zu verändern, zu verschönern und letztlich, sich aufzulösen.

Als Free Spirit lebst Du nicht mehr als Opfer der Umstände, sondern als deren Schöpfer. Das ist schon eine komplett andere Sichtweise. Aus diesem Standpunkt heraus lassen sich die Dinge auch wesentlich einfacher angehen. Da erübrigen sich viele Fragen, Ängste und Konfrontationen. Da wird auch kein Schuldiger mehr gebraucht, weil man ja weiß, wer dafür in Wirklichkeit verantwortlich ist. Man fühlt sich selbst auch nie mehr schuldig. Was für eine wundervolle Erleichterung! Du bist einfach nur noch verantwortlich. Alle Religionen, Gesellschaften, Vereine, Wissenschaften und Gruppierungen, auch so genannt ‚spirituelle', arbeiten auf die eine oder andere offensichtliche oder weniger offensichtliche Weise mit Schuldkonzepten. Dies ist alles andere als Free Spirit. Schuldbewusstsein ist immer dort ein gutes Werkzeug, ja sogar eine Waffe, wo es um die Beherrschung und Unterdrückung anderer geht. Bei uns jedoch geht es einzig und alleine darum, sich gegenseitig zu unterstützen, das zu werden, wonach sich jeder Suchende sehnt: sich selbst.

Möglicherweise klingt das im ersten Moment nicht allzu verlockend, aber es ist gewaltiger, als man sich´s vorstellt! Sich-selbst-zu-Sein kommt einem Quantensprung gleich, der alles Dagewesene in den Schatten stellt.

Die Einfachheit des FREE SPIRIT-Trainings

Dieser Punkt ist der schwierigste des Kurses. Bei all dem, was Du Dir nun unter dem Training und seinen möglichen Auswirkungen vorstellst, ist vermutlich auch die Idee, dass es ein schwieriges, anspruchsvolles und nur für Fortgeschrittene geeignetes Training ist. Das ist falsch. Im Gegenteil sogar! Meist steht uns das bisherige Wissen, welches ja auch bloß Theorie ist, eher im Wege, als dass es nützlich wäre. Wir haben unseren Verstand mit dermaßen viel Mist angefüllt, dass es das Schwierigste ist, ihn wieder zu leeren.

Und in der Tat: Es geht nicht um Wissen, sondern um Fühlen! Nicht wer viel Wissen besitzt, hat Macht, sondern wer fühlen kann. Zumindest dann, wenn man die Macht über sein eigenes Leben anstrebt, anstatt über andere. Ein Free Spirit hat die Macht über sich selbst und über sein Leben zurück erlangt. Ein Free Spirit lässt sich zu nichts mehr zwingen. Er hat auch erfahren, dass er nicht sein Körper ist und damit die Furcht vor dem Tod verloren. Er lebt sein Leben befreit und schöpferisch und versucht, wo immer, auch den anderen einen Vorteil zu verschaffen. Er trägt niemandem etwas nach und verurteilt weder sich selbst noch die Welt für irgendetwas, da er alles als ein Teil von sich selbst begreift.

Das Training selbst besteht aus einfachsten Übungen, welche aber eine wesentliche Standpunktänderung auslösen können. Dies wiederum bewirkt, dass das Leben mehr und mehr nicht mehr so erscheint, wie es für uns einmal war. Alles kann überdacht werden. Alles kann sich wenden und neu werden. Plötzlich tritt Entspannung ein. Die Zeit verlangsamt sich und alles wird ruhiger und lebendiger. Das Leben beginnt wieder intensiv zu sein. Die Übungen funktionieren bei jedem und in jeder Lebenslage. Sie funktionieren jedenfalls insofern, als man sie tatsächlich ausführt und dran bleibt. Die Übungen selbst bewirken also keine Wunder, aber Du, Du kannst mit ihnen Wunder wirken.

Wir verlangen keine bestimmte Religions- noch andere Zugehörigkeit. Jeder kann seinem Glauben, seiner Partei, seinem Beruf und seiner Einstellung treu bleiben. Wir sind nicht da, um zu verlangen, sondern wir sind die, welche geben wollen. Wir geben uns mit der Kurs- und Ausbildungsgebühr zufrieden. Das reicht uns. Wir erwarten weder Dankbarkeit noch Anbetung, weder Gläubigkeit noch Unterwürfigkeit. Wir wollen lediglich Deine freiwillige Bereitschaft Dich einzulassen. Mehr nicht.

Denn letztendlich ist Dein Erfolg der unsrige, Dein Glücklichsein das unsrige und Dein Leben ein Teil des unsrigen. So jedenfalls denken und fühlen wir es.

Die Einfachheit des Kurses ‚verwirrt' so manchen Verstand. Denn dieser lebte bis dahin in der Annahme, dass alles, was wirksam ist, auch schwer sein muss und kompliziert. Aber, das ist es eben gerade nicht. Alles, was wirklich wirksam ist, ist immer einfach. Denn das Einfache kommt von Herzen, das Komplizierte vom Verstand. Wie aber will uns ein Verstand helfen in Gebiete vorzudringen, die er nicht kennt? Wenn der Verstand mal zu suchen begonnen hat, dann wird es meist richtig heftig. Dann geht die Fragerei erst richtig los. Zugegeben, der Verstand ist lauter als das Herz und übertönt es gerne und oft, aber das Herz weist den richtigen Weg, den Weg ins Zentrum, weil das Herz das Wesentliche, das Zentrum ist.

Bestimmt hat die Liebe schon das eine oder andere Mal Dein Leben bewegt und es fast aus den Fugen gehoben, oder? Du kennst also die Kraft, die Power des Herzens! Und wer weiß, was alles passieren kann, wenn wir den Zugang zu ihm wieder finden...?! Die Liebe in Dir kann mehr bewegen, als Du für möglich hältst. Deshalb benötigen wir Dein volles Vertrauen und Deinen ganzen Mut Dich einzulassen. Dann aber werden wir mit Sicherheit gemeinsam erfolgreich sein.

Wenn Du also mutig genug bist, Dich einlassen zu wollen, und mit der Schwierigkeit der Einfachheit klarzukommen glaubst, dann ist es an der Zeit Dich zu entscheiden. Wende Dich an eine Dir bekannte FREE SPIRIT-TrainerIn, einen Dir bekannten FREE SPIRIT-Trainer und melde Dich zum nächsten Kurs an und überzeuge Dich selbst. Wenn Du keinen Kontakt zu so jemandem hast, dann besuche uns im Internet unter:

www.freespiritinfo.com

Ich hoffe, Du weißt jetzt, dass wir uns wirklich auf Dich freuen, auch jenseits des Geldes, welches wir an Deiner möglichen Teilnahme verdienen werden. Trotzdem es uns nur bedingt um uns selbst geht: Wir mögen auch uns selbst ein Leben in Fülle und Erfülltheit gönnen und – wir gönnen es auch jedem anderen. Wir sind davon überzeugt, dass die Zeiten, in welchen Mangel als Eintrittskarte fürs Paradies Gültigkeit hatte, vorbei sind. Werde Teil einer großen Idee – oder auch nicht, doch sage nicht, Du hättest es nicht gewusst, das gilt nicht.

Ob FREE SPIRIT nun das Richtige für Dich ist oder nicht, kannst Du leicht herausfinden, indem Du auf Dein Herz und nicht nur auf Deinen Verstand hörst. Der Verstand hat andere Aufgaben als uns den Weg ins Glück zu bahnen, dies ist die Aufgabe Deines Herzens und es ist schon eine gute Übung, in Dich hineinzuhorchen.

Präsenz und Ausstrahlung

Manchmal beeindruckt uns die Ausstrahlung eines Meisters oder die Vitalität gewisser Menschen. Manchmal beeindrucken uns auch der scharfe Verstand und die treffenden Worte eines Erwachten oder einfach seine Gegenwart. Die meisten Menschen vermuten, dass das etwas mit Erleuchtung, dem Erwacht-Sein oder sonst einem besonderen Talent zusammenhängt. Doch in Wahrheit handelt es sich einfach um die sicht- und spürbaren Folgen einer absoluten Präsenz, dem Da-Sein mitten in der Gegenwart, dem Augenblick-Sein. Wir wissen, dass alle Vergangenheit vorüber ist und die gesamte Zukunft noch nicht existiert. Die Existenz, das Leben, befindet sich ausschließlich im Hier und Jetzt!

Wenn ich also die Vergangenheit oder Zukunft eines Menschen sehe, dann geht das nur im Augenblick, jetzt. Raum und Zeit, das Hier und Dort, das Gestern und Morgen eröffnet sich immer im gegenwärtigen Augenblick. Ist ein Mensch also in Gedanken mit dem Gestern oder Morgen beschäftigt, dann enthüllt sich ihm das Mysterium der Zeit niemals und er ist nicht in der Lage über die Grenzen von Raum und Zeit hinauszuschauen.

Präsent zu sein bedeutet, dass Deine Energie, Deine gesamte Aufmerksamkeit, hier ist. Ein einfacher Weg dies zu bewerkstelligen ist es, sie als Gesamtes auf und in Deinen Körper zu lenken. Dies wird Dir jedoch nicht gelingen, wenn Du das Leben nicht liebst! Ein Mensch, der, aus welchem Grunde auch immer, das Leben oder gewisse Aspekte des Lebens nicht voll und ganz annehmen kann, hat keine Chance jemals ganz präsent zu sein. Die große Arbeit liegt also nicht darin, die Aufmerksamkeit in den Körper zu lenken, denn das ist sehr einfach, sondern alle Aspekte des Lebens zu lieben. Alle, selbst den Tod.

Diese materielle Welt beinhaltet sowohl Tod wie auch Krankheit, Leid und Schmerz. Es sind die am wenigsten geliebten Geschenke des irdischen Daseins.

Ohne sie integriert zu haben, wirst Du nicht in der Lage sein, den Widerstand dagegen in Liebe umzuwandeln. Insofern ist es also nicht so leicht, echte Präsenz zu erreichen. Sie verlangt nämlich auch, dass Du mit allen Situationen in Deinem Leben einverstanden bist. Nicht einverstanden aus Zweckmäßigkeit, weil sie nun einmal gegeben sind, sondern in der tiefen Erkenntnis darüber, dass Du Schöpfer auch jener Situationen und Begebenheiten warst, bist und sein wirst. Präsent-Sein ist gleichbedeutend mit Schöpfer-Sein oder Ursprung-Sein. Hier eröffnet sich nun aber ein weiteres Problem, denn Du kannst nicht Ursprung oder Schöpfer werden, sondern Du kannst es nur Sein. Nein, es gibt keinen Weg dorthin! Es geht nicht darum, etwas zu tun. Das Ego will ständig tun, der Verstand will immer aktiv sein... Aber darum geht es hier nicht. Hier geht es um eine Entscheidung! Es handelt sich um diese überaus weit reichende Entscheidung, Dich selbst, jetzt, so wie Du gerade bist, als Schöpfer, als Schöpferin anzuerkennen. Ohne irgendeinen schmälernden Gedanken oder irgendein begrenzendes Gefühl.

Nur so nebenbei möchte ich betonen: Die Existenz lässt sich nicht betrügen! Es reicht also nicht, bloß so zu tun, als ob, einfach zu sagen: Ja, ja, ich liebe das Leben... Es geht hierbei um die totale Annahme und Hingabe an das Leben und an alles, was Du Dir jemals erschaffen hast, erschaffst und noch erschaffen wirst. Ganz egal, ob die Erfahrung mit Liebe, Hass, Freude oder Leid verbunden ist. Dabei müssen wir außerdem beachten, dass es einfach auch einerlei ist, was die anderen von uns denken, wie wir nach außen hin wirken und auch, wie wir uns selber betrachten. Alles, was wesentlich an der Schöpfung ist, ist einfach, präsent und authentisch. Und genau so wirst auch Du sein, wenn Du Dich dazu entschlossen hast, Dich selbst zu leben.

Präsenz entsteht durch das authentische Sich-selbst-leben. Präsenz ist frei von jeglicher Täuschung, auch von Selbsttäuschung. Anderen etwas vorzutäuschen ist möglich, sich selbst etwas vorzutäuschen ist schwer, aber dem Leben etwas vorzutäuschen ist unmöglich! Und es ist das Leben selbst, welches Dir Präsenz verleiht und das Leben ist unbestechlich, klar und wahr. Erst wenn Du es mit Deiner klaren, wahren und authentischen Präsenz beschenkst, mit Deiner totalen Hingabe, dann bekommst Du die Präsenz des Lebens als Dank dafür. Nicht umsonst klingen die Worte Präsent (Geschenk) und Präsenz so verwandt. Es ist nichts, was man sich erkaufen oder erarbeiten kann, man muss sich einfach dafür entscheiden und wissen, wie man sich für dieses Geschenk des Lebens öffnet. Gestern ist es Dir nicht gelungen, morgen wird es Dir ebenfalls nicht gelingen... Du musst es heute tun.

Die Ausstrahlung, die Du als Mensch hast, entsteht auf ganz entsprechende Art und Weise: Dadurch nämlich, dass die ganze Lebensessenz, welche Du in Form von Aufmerksamkeit in Dich hineinfokussiert und in Dich aufgenommen hast, wieder aus jeder Zelle Deines Seins aus Dir herausstrahlt. Darum heißt es ja auch Ausstrahlung. Bevor man jedoch etwas ausstrahlen kann, muss man etwas in sich aufnehmen. Alle Menschen strahlen immer genau das aus, was sie in sich aufgenommen haben und dies lässt sich früher oder später auch außen – auf dem Gesicht – eines Menschen, ablesen. Ich meine damit nun jedoch nicht ‚hübsch' oder ‚hässlich', sondern ‚glücklich' oder ‚unglücklich'. Der Mensch ist nicht bloß das, was er isst, sondern noch viel mehr das, was er denkt und fühlt. Und genau das ist es dann, was er ausstrahlt.

Es ist also nicht korrekt zu sagen, dieser oder jener Mensch besäße keine Ausstrahlung und ein anderer schon. Genauer müssten wir sagen, dass dieser Mensch das ausstrahlt und jener jenes. Die Qualität dessen, was er ist, zeigt sich auch in den Farben seiner emotionalen und mentalen Aura.

Viele Menschen behaupten und glauben, sie seien präsent. Die meisten von ihnen leben jedoch in einer Welt der Fantasie, in ihren Vorstellungen, Ideen und Konzepten; in Welten, welche weit jenseits essenzieller Gegenwärtigkeit liegen und weit außerhalb jeglicher Realität existieren.

Ja, die Menschen leben in so vielen verschiedenen Welten, wie es Ideen darüber gibt. Und es mag Dich erstaunen, dass ich zu all diesen nicht authentischen Welten nicht bloß die wissenschaftlichen, sondern auch die religiösen und esoterischen Wahnvorstellungen zähle. Ja, ich nenne sie Wahnvorstellungen, weil die Menschen in ihnen nicht gegenwärtig sind. Entweder träumen sie von einem Paradies, von unsichtbaren Welten oder davon, dass nichts außer Materie vorhanden sei. Es mag ja sein, dass ich falsch liege, dieses Risiko gehe ich ein, aber eines ist sicher: Die meisten Wissenschaftler, Gläubigen oder Esoteriker kämpfen in irgendeiner Art und Weise gegen einen Aspekt des Lebens. So lange dieser Kampf nicht aufhört, so lange wird es auch keinen Frieden auf Erden geben. Denn wie wir ja alle wissen, ist der Friede in uns selbst die Grundlage eines Weltfriedens. Somit ist also Dein Gegenwärtig-Sein viel wichtiger als Du denkst. Du bist von globaler Bedeutung! Die Welt, so wie wir sie heute vorfinden, ist das Resultat unserer bisherigen Lebens-, Denk- und Fühlweise.

Und darum sage ich: Wer ganz da ist, ganz im Hier und Jetzt, der wird niemals auf die Idee kommen, irgendjemanden verletzen zu wollen, noch zu betrügen oder sonst wie hinters Licht zu führen. Denn hinter dem Licht, da ist niemand! Ja, gewisse Menschen befinden sich bewusstseinsmässig ‚hinter dem Licht'. Jene kann man aber höchstens ins Licht begleiten. Und da es an der Grenze zwischen Licht und Finsternis ziemlich ungemütlich ist, muss ein Begleiter eine starke Persönlichkeit sein. Es reicht nicht, einfach nur schön daherzureden und den Menschen gute Tipps zu geben. Die Meister sind heute gefordert vorauszugehen und das, was sie predigen, auch zu leben. Und noch etwas solltest Du wissen: Wenn jemand in der Gegenwart lebt, dann wird er sich oft scheinbar widersprechen. ‚Augenblickliche' Menschen können sehr widersprüchlich sein und es ist in der Tat für viele Menschen eine echte Herausforderung, mit ihnen umzugehen. Manchmal erfordert der Augenblick, dass man verschiedenen Menschen, je nachdem, wo sie gerade stehen, auf dieselbe Frage verschiedene Antworten gibt. Genau genommen sind das keine Widersprüche, sondern ein Eingehen auf die jeweilige Individualität. Daraus lassen sich natürlich nur schwer, wenn überhaupt, Konzepte oder allgemeingültige Richtlinien erstellen. Andererseits ist dies ein Vorteil, denn somit schlagen alle Versuche fehl, daraus eine neue ‚Bibel', eine Religion oder eine Sekte zu machen.

Wer sich einem wahren Meister anvertraut, der vertraut sich somit der absoluten Ungewissheit, Widersprüchlichkeit und dem Risiko an.

In der Gegenwart zu leben bedeutet, dass das Leben wieder zu einem Abenteuer wird. So wird es auch wieder spannend, gar gefährlich. Sicherheiten zerplatzen wie Seifenblasen. Eigentlich hast Du keine andere Chance, wenn Du leben willst, als gefährlich zu leben. Wer nicht gefährlich lebt, der lebt gar nicht. Wer das Risiko nicht liebt, liebt nicht und wer mit Widersprüchlichkeit und Veränderung nicht umgehen kann, hat keine Chance Augenblicklich(t) zu sein. Wer im Augenblick lebt, hat keine Sicherheit. Er oder sie weiß nie, was gerade kommt, weil er oder sie in im Denken nicht weit in die Zukunft reicht. Insofern – und das ist die gute Nachricht – hat man auch nie mehr etwas zu verzeihen. Denn Verzeihen ist ja an die Vergangenheit gebunden. Der Meister vergisst Deine Fehler von gestern und die morgigen interessieren ihn nicht. Somit wird er Dich immer als vollkommenes, augenblickliches Wesen betrachten und ohne es zu wollen, nur das ‚Gute', das ‚Rechte' in Dir sehen. Für den Meister bist Du, wer Du Bist. Nicht mehr und auch nicht weniger. Ein Wesen des Augenblicks sozusagen, von dem keiner weiß, ob es im nächsten Augenblick noch genau so existieren wird, wie gerade eben.

Für einen Meister bist Du immer neu, immer ein Wunder, immer faszinierend und immer vollkommen göttlich.

Der Augenblick kennt keine Verurteilung, keine Bewertung und keine Klassifizierung. Der Augenblick nimmt alles so, wie es ist und belässt es auch so. Insofern ist das einzig Unveränderliche in der steten Veränderung der Augenblick. Wenn wir nun davon ausgehen, dass Gott unveränderliche Wandlung ist und wir nach eben diesem Ebenbild geschaffen sind, dann ist demnach eine Verschmelzung mit ihm nur im Augenblick selbst möglich. Dies ist wichtig und Du solltest es beachten beziehungsweise merken. Denn eines Tages wirst Du genug der Sucherei haben und einfach Eins-Sein wollen. Dann weißt Du wenigstens, wo Dein Ziel zu finden ist. Es ist genau hier. Genau da, wo Du Dich gerade befindest, jetzt.

Es ist also in der Tat keine weite Reise, kein ‚weiter Weg' dorthin! Diejenigen, welche solches predigen, wissen nicht, was sie sagen. Sie haben das Göttliche selber noch nicht gefunden, suchen zu fern und werden so auf ewig Suchende bleiben. ‚Sucher' werden nicht finden können, da sie ständig mit Suchen beschäftigt sind. Du musst schon ein Finder, eine Finderin, werden, um ans Ziel zu kommen. Eigentlich und genau genommen ist es nicht ein ‚Ans-Ziel-kommen', sondern lediglich ein ‚Sich-des-Zieles-bewusst-werden'.

Zusammenfassend lässt sich also sagen, dass *Gott* der *Augenblick* ist. *Gott* ist keine Art Übermensch, sondern eher eine Form von *Energie* in einem bestimmt-unbestimmten Aggregatzustand. ‚*Veraugenblicklichtes Leben*' sozusagen. Und in jedem Moment, wo Du Dich im Augenblick wieder findest, wirst Du zu *Gott*, eins mit der *Essenz des Lebens* selbst. Nun ist es auch verständlich, was in solchen Augenblicken aus Dir strahlt: *DAS LEBEN*!

Ausstrahlung oder Charisma heißt ursprünglich: Das, was Dir von Gott aus Gnade geschenkt wird. Doch eigentlich bist Du selbst das Geschenk, denn Du hast Dich dem Leben wieder geschenkt, Du hast Dich wieder dem Augenblick anvertraut, Du bist das Geschenk (das Präsent)! Und wenn Du nun der Menschheit, Deinen Nächsten ein echtes Geschenk machen willst, dann verschenke Dich selbst und alle werden von Dir als charismatischem Menschen sprechen. Niemals kann Dich Wissen erleuchten, sondern nur das Sein. Wenn Du also charismatisch sein willst, musst Du Sein, musst Du authentisch Sein, das ist der Preis, den es für ein Leben im Hier und Jetzt zu bezahlen gilt. Nun kannst Du entscheiden, ob Dir das ‚zu teuer' ist oder nicht.

Denken *(macht)* beschränkt[1]

Gedanken sind immer begrenzend für die Wirklichkeit...

Tja, vielleicht dachtest Du bis jetzt, dass Denken eine Qualität von intelligenten Menschen sei... Dem widerspreche ich. Denken macht zwar gescheit, jedoch nicht intelligent, geschweige denn weise. Denken ist deswegen nicht schlecht und schon gar nicht, wenn man weiß, zu welchem Zeitpunkt Denken angebracht ist. Um zu verstehen, wie ich das nun meine, ist es wichtig zu wissen, was das Denken eigentlich so macht. Üblicherweise bedeutet Denken, etwas, eine Sache, Idee oder Situation so lange einzugrenzen, bis nur noch die klaren Fakten vorhanden sind. Doch was sind „Fakten"? Kann das menschliche Gehirn eigentlich überhaupt zwischen Fakten und Nicht-Fakten unterscheiden? Was befindet sich denn jenseits dieser so genannten Fakten? Hier nun müssten wir unser Verständnis für „Fakten" definieren. Fakten sind für die meisten Menschen das, was übrig bleibt, nachdem man alles abstrahiert hat, was gefühlsmäßig ist, es rationalisiert und somit entfernt hat. Dies entspricht jedoch aller höchstens der Hälfte der Fakten. Basieren unsere Entscheidungen also auf bloßen Tatsachen (Fakten), so steht deren Richtigkeit in einem Verhältnis von 50:50. Nicht gerade viel versprechend im Hinblick auf wichtige Entscheidungen, würde ich meinen...

Gefühle werden von denkenden Realisten leider nicht als Fakten betrachtet, sondern eher als hindernde und einem sachlichen Entscheid entgegenstehende Umstände. Sie sind jedoch genauso wichtig, wie die greifbaren und logischen Fakten. Aufgrund von Fakten zu entscheiden bedeutet, dass wir die realistischen, wie auch die gefühlsmäßigen Tatsachen berücksichtigen. Beide Seiten gehören dazu. Mehr noch: Will man nicht der Reihe folgen: „gescheit, gescheiter, gescheitert..." und ihr zum Opfer fallen, sondern wahrhaftig intelligente Wege gehen, so muss das Herz, das Gefühl, an erster Stelle stehen. Denn dieses signalisiert schon vorab, ob es sich überhaupt lohnt, sich mit etwas näher auseinander zu setzen.

[1] Anmerkung für Anthroposophen: Um Missverständnissen vorzubeugen, sei hier das Folgende bemerkt: Mit Denken ist hier nicht jenes ‚Schöpferische' gemeint, das im anthroposophischen Sprachgebrauch mit ‚Reinem Denken' oder ‚Herzens-Denken' bezeichnet wird, sondern ein eingrenzendes abstrahierendes ‚Einordnen', wie aus dem vorliegenden Text deutlich werden kann. Wir würden daher bevorzugen von ‚erkennendem Fühlen' zu sprechen, wie es in anthroposophischen Texten andernorts ja auch bezeichnet wird (G. Kühlewind: „Aufmerksamkeit und Hingabe - Die Wissenschaft des Ich", S. 45ff; Stuttgart, 1998)

Lass mich ein Beispiel machen: Wenn Du eine Vision hast, für die Dein Herz brennt, und Du schaltest den Verstand ein, so wird er Dir unverzüglich mitteilen, weshalb Dein geplantes Unternehmen aussichtslos ist. Er wird tausend ‚gute' Begründungen dafür liefern und Deine Vision so gleich vorab zum Scheitern verurteilen. Er wird Dir sagen, dass Du entweder nicht über das nötige Kleingeld, die notwendigen Begabungen oder Kontakte verfügst oder eben, dass Dein Vorhaben einfach unrealistisch, dumm und unmöglich zu realisieren ist. Und nachdem der Verstand sich auf diese Weise ausgetobt hat, fehlt es Dir dann schlichtweg am nötigen Mut und der Zuversicht für Dein Projekt. Dies ist allerdings keine gute Basis, um mit seiner Realisierung zu beginnen. Dann wirst Du es beiseite legen und Dir selbst sagen, dass es töricht war zu glauben, dies oder jenes erreichen zu können und Du wirst, noch bevor Du damit begonnen hast, aufgeben. Nun ja, wenigstens hast Du Dir damit einige Arbeit erspart und kannst weiterhin Dein gewohntes Leben gefahrlos fortführen. Manchmal jedoch heißt „sein Leben fortführen" auch „sein Leben fortwerfen" (...). Die Entscheidung liegt immer bei Dir. „No risk, no fun" – kein Risiko, keine Freude, respektive kein Erfolg. Dies ist eine uralte Binsenweisheit, welche ich von Herzen unterschreiben kann.

Das Denken wird meistens dazu verwendet Risiko zu vermeiden. Und es macht das sehr gut, denn es vermeidet sogar Risiken, welche gar nicht vorhanden sind! Der Verstand ist schon eine komische Sache. Entweder lässt er Dich aufgeben, bevor Du begonnen hast oder aber er lässt Dich um Dinge kämpfen, welche Dir in Wahrheit gar nichts bedeuten. Er lässt Dich immer um Dinge kämpfen, welche man wieder verlieren kann, um Geld, Frauen oder Männer, Güter, Besitz, Ruhm, Ehre oder was auch immer. Auf solche Dinge musst Du hinarbeiten. Eine Vision jedoch birgt ihr größtes Geschenk im Darauf-hinleben. Es ist keine Arbeit eine Vision zu verwirklichen, sondern eine beständige Freude, selbst dann, wenn sie nicht erreicht wird. Die eigentliche Arbeit, wenn Du auf eine Vision hinzu lebst, ist es, den Verstand nicht die Vorherrschaft über Dein Gefühl, über Dein Herz, übernehmen zu lassen.

Schau, Du betrachtest eine Blume... sie ist wunderschön... Du fühlst ihre Anmut und Hingabe mit ganzem Herzen... jetzt beginnst Du zu denken und überlegst, wie diese Blume wohl heißen möge...Was passiert? Genau: Die Schönheit der Blume löst sich auf und Deine Gedanken wühlen im Archiv des Gehirns nach Informationen. Plötzlich befindest Du Dich in einer Welt der Gedanken, welche alles Lebendige verblassen lassen und zu einem bloßen Objekt degradieren.

Am Ende Deiner Gedankenreise, wenn Du mit Deinem Bewusstsein zurückkehrst, wird das Betrachten der Blume nicht mehr dasselbe sein. Die ursprüngliche Faszination und Bewunderung ist der Wahrnehmung durch den Intellekt gewichen. Du hast die Schönheit des Augenblicks zerstört und sie wird niemals wieder dieselbe sein. Die Blume ist nun auf ihren Namen begrenzt und vielleicht auf eine Beschreibung ihrer Herkunft und ihres Verwendungszweckes reduziert... aber die lebendige Erfahrung, dieses Eins-Sein mit ihr, ist ein für allemal verloren.

Das Denken unterbricht also die Verbindung zu allem, was lebendig ist, auch zu Menschen und auch zu Gott. Der Mensch weiß nicht, wie die Dinge wirklich sind, solange er über sie nachdenkt, sie beschreibt oder sie in eine Vorstellung presst. Wir müssen wieder lernen, die Dinge, die Welt, Menschen, Tiere, und Pflanzen zu erleben! Das Denken unterbricht das Eins-Sein mit allem, was da ist. Um die Dinge, wie auch das Leben, jedoch in seiner gesamten Tiefe erleben zu können, stellt dieses absolute Eins-Sein die grundlegende Voraussetzung dar. Es besteht keine andere Möglichkeit etwas vollumfänglich zu erfassen. Ohne dass wir mit dem Leben und den Dingen eins sind, leben wir in einer zweidimensionalen Welt... gut, vielleicht dreidimensional, aber allmählich wird es Zeit in eine nächste Dimension aufzusteigen. Natürlich können die Menschen diese höheren Dimensionen weiterhin den Philosophen, Meistern und diversen Gurus überlassen und weiterhin aus zweiter Hand leben... Aber ich sage Euch, Ihr bezahlt einen sehr hohen Preis dafür, das könnt Ihr glauben. Es ist bei weitem nicht dasselbe, eine Blume anzuschauen, als eine Blume zu Sein!

Ja, das wäre bzw. ist der größte Segen für die Welt: Alle Probleme würden alleine dadurch gelöst werden, dass die Menschen wieder mit allem eins wären. Eins mit Mutter Erde, eins mit der Welt der Mineralien und Steine, eins mit der Pflanzenwelt, eins mit unseren Tiergeschwistern, eins mit unseren Mitmenschen, eins mit allem, was ist. Weshalb das so wichtig ist? Es ist wichtig, weil Leben fühlen heißt, nicht denken! Wenn Du etwas über Blumen erfahren möchtest, dann frage nicht den Gärtner, sondern erlebe Dich selbst als diese Blume. Das nenne ich: Leben aus erster Hand. Die Erkenntnis dessen, was Brot ist, erfährt man nicht durch Lesen eines Rezeptes, sondern dadurch, dass man es isst. Natürlich brauchst Du Wissen, um Brot backen zu können, aber um es zu erfahren, zu essen, dazu benötigst Du dies nicht. Es gibt Menschen, die wollen Dinge machen und solche, die möchten Dinge erleben und andere, die möchten beides.

Die Welt, in der wir leben, ist eine materialisierte Vorstellung, eine Gedankenkreation und somit eine Illusion. Weshalb? Weil diese Welt eine Welt der Begrenzung, Abgrenzung und der Unterschiede ist. Dies vermag nur unser Verstand zu bewerkstelligen. Um überhaupt etwas wahrzunehmen, muss er die Dinge in zeitliche Abläufe und voneinander getrennte Objekte verwandeln.

Ja, stell Dir doch nur mal das Durcheinander vor, welches entstehen würde, wenn nichts getrennt wäre und wenn es keinen zeitlichen Ablauf geben würde... Es würde Dich wahnsinnig machen. Dann wärest Du ja direkt in der Einheit (...!) Du könntest nicht mehr zwischen Gut und Böse unterscheiden, zwischen Richtig und Falsch, zwischen Licht und Schatten. Alles würde sich auflösen, eigenartig... Und doch, es ist genau dies unser Ziel auf dem Weg zurück; zurück vom Verstand ins Herz, von der Getrenntheit in die Einheit. Alles, was Du Dir vorstellen kannst, alles, was Du denken kannst, alles, was Du sehen, greifen oder überhaupt wahrnehmen kannst, ist getrennt. Getrennt von anderem. Damit Du beispielsweise einen Stuhl, einen Tisch oder sonst etwas als solchen in Form, Farbe, Gewicht, Klang und Duft wahrnehmen kannst, muss es sich irgendwie von anderem unterscheiden.

Das bedeutet nun aber jedoch nicht, dass danach, zurück in der Einheit, alles gleich aussieht oder so, nein. Es ist eher so, dass Du es Dir vorstellen kannst wie beim Schnee. Ein Berg voll Schnee, der ganze Schnee sieht gleich aus... aber es scheint bloß so zu sein. Bei genauerem Betrachten ist jeder einzelne Schneekristall ein Unikat, ein mit individuellem Bewusstsein ausgestattetes Wasserkriställchen! Ja, Du kannst jeden einzelnen Schneekristall mit anderen vergleichen und wirst niemals zwei gleiche finden! Mehr noch, Du kannst sogar einen Schneekristall schmelzen und wieder einfrieren lassen und er wird wieder die genau gleiche Kristallstruktur einnehmen wie zuvor! Alles hat Bewusstsein, alles ist gleich und doch verschieden. Genau so wie wir alle Menschen sind, mehr oder weniger ähnlich aussehen... vermutlich, von weit weg betrachtet, alle gleich aussehen und doch... jeder von uns ist ein einzigartiges Original und verschieden... aber dennoch sind wir – von einem anderen Bewusstseins-Standpunkt betrachtet – auch alle gleich. Sowohl die Gleichheit wie auch die Unterschiedlichkeit ist in ihrer Größe nicht mehr zu überbieten... Menschen unterscheiden sich nicht primär durch ihr Äußeres, sondern durch ihr Denken, durch ihren Verstand. Je gleicher Menschen denken, umso mehr beginnen sie sich auch äußerlich zu gleichen. Das hast Du bestimmt schon beobachtet.

Männer, die ‚Fans' von Jesus sind, so wie ich, sehen mit der Zeit, je nachdem wie lange man schon Fan ist, auch ähnlich aus. Ja, nach einer gewissen Zeit ähneln sich nicht bloß alte Ehepaare oder verwandte Seelen, sondern sogar Hund und Herrchen oder Frauchen! Tja, Denken scheint uns nicht nur irgendwie zu begrenzen, sondern auch tiefgreifend zu formen. Du wirst zu dem, was Du denkst, innerlich und auch äußerlich, es ist nur eine Frage der Zeit. Wenn Du das überprüfen möchtest, dann denke doch mal eine Woche lang, dass das Leben schwer ist und es Dir nicht gut geht... Du wirst staunen, welche Auswirkungen so etwas haben wird!

Je begrenzter das Denken eines Menschen ist, desto verkrampfter wird sein Körper, desto problematischer wird sein Leben und desto kleiner wird für ihn die Möglichkeit sich zu entfalten. Wenn wir zum Beispiel aufhören, uns selbst und unser Leben auf eine Inkarnation zu beschränken (das geschieht ja auch nur im Kopf: an etwas zu glauben oder nicht), desto relativer und ungefährlicher werden unsere weltlichen Probleme. Alles, was Du im Kontext, in Bezug auf die Ewigkeit betrachtest, wird kleiner. Große Sorgen werden klein, schwere Krankheiten werden leicht und große Schuld wird unbedeutend... im Hinblick auf die Ewigkeit.

Tja, Geld zum Beispiel reicht Dir für eine Inkarnation, sich darum zu sorgen, ist begrenztes Denken. Es führt dazu, dass Du Geldverdienen als Lebensinhalt betrachtest. Aber wenn Du weißt, dass es ein beständiges Fließen ist, auch der Geldfluss von Leben zu Leben, dann entspannt Dich das und Vertrauen wächst. Angst zum Beispiel ist der größte Hinweis auf beschränktes Denken. Seine bestechendste Argumentation liegt darin zu sagen, dass man doch realistisch und vernünftig sein soll. Aber was ist denn Vernunft? Was ist realistisch? Ist der Verstand vernünftig? Kann er überhaupt realistisch sein, wenn er uns doch fortwährend begrenzt und klein hält? Du willst Gott erleben... also gib zu allererst das Denken auf. Dies ist die größte Herausforderung auf Deinem Weg zur Erleuchtung.

Du wirst nicht ‚dumm' ohne zu denken, sondern weise! Weisheit entsteht nicht im Gehirn, es sind nicht die vielen unzähligen Erkenntnisse, welche Dich weise werden lassen, sondern die Liebe, das Fühlen. Fühlen alleine birgt in sich die Wahrheit, die Weisheit, die Realität. Alles, was Du jemals gefühlt hast, wird Dir auf alle Ewigkeit erhalten bleiben, Wissen verblasst und verschwindet früher oder später. Bei einigen schon in diesem Leben... Vergesslichkeit... Alzheimer etc.

Wenn das eintritt, dann rückt das Fühlen wieder an vorderste Stelle. Ja, spätestens auf dem Sterbebett fangen alle wieder zu fühlen an. Aber ob wir so lange damit warten wollen? Sterbende begegnen ihren ebenfalls verstorbenen Angehörigen. Warum? Sie sehen plötzlich Farben, Formen, Visionen. Weshalb? Sie hören Stimmen, Musik und Klänge. Wieso? Weil sie ihr Denken loszulassen beginnen! Je weniger man denkt, umso mehr fühlt man. Hellsicht (-igkeit) ist keine besondere Fähigkeit, jeder besitzt sie. Sie ist bloß überlagert und verschüttet. Wovon? Vom Denken.

Achtung Revolution!

Es gibt Theorien, welche besagen, dass es für den Menschen wichtig wäre, sich an seine Träume zu erinnern. Wissenschaftler haben erforscht, wann, wie lange und wie intensiv Menschen träumen.
Aber sie haben sich nie gefragt, was Träumen eigentlich in Wirklichkeit ist. Natürlich, sie sagen, dass wir den Alltag dadurch verarbeiten... und das stimmt auch. Nur eines ist ihnen entgangen: Träumen heißt Denken, Vorstellungen machen, aktiv sein. Meister träumen nicht. Ich weiß, das klingt revolutionär... die Menschen denken also selbst noch dann, wenn sie schlafen! Meister leben im Hier und Jetzt, in der absoluten Gegenwart. Sie integrieren somit alles augenblicklich. Da ist es nicht nötig, nachts noch davon zu träumen. Sie haben keine unerledigten Hausarbeiten und müssen demnach auch nicht nachsitzen. Nachsitzen ist immer eine Sache des Verstandes, wenn er etwas nicht begreift, begriffen hat oder begreifen kann oder will. Somit sind die durchschnittlichen Menschen, oder besser gesagt, Träumer so selten wirklich ausgeruht. Denker sind Träumer! Sie sitzen im Gefängnis, in einer Gehirnzelle und bauen sich gedanklich eine Scheinwelt der Illusionen auf. Diese erleben sie dann und schon proklamieren sie es als Realität oder Wahrheit. So einfach ist das für sie. Na ja, lassen wir sie eben weiterträumen... Gute Nacht. ☺

Hollywood scheint also nicht eine ‚Filmfabrik' in Kalifornien/USA zu sein, sondern in unserem Verstand. Und wenn das so ist, dann empfehle ich jedem, sein Schauspiel auch mindestens so zu genießen, wie wenn er es sich im Kino oder vor dem Fernseher anschaut. Mehr ist das nicht, was die meisten ‚Leben' nennen. Aber wenn es wenigsten Spaß macht und unterhaltsam ist, wieso nicht...

Also, wofür plädiere ich? Ich plädiere für eine Umkehr, für die Umkehr von 99,99% Denken und 0,01% Fühlen zu 99,99% Fühlen und 0,01% Denken. Alleine das würde vollauf genügen, um den Himmel auf Erden zu erleben.

Du kannst jetzt über meine Worte nachdenken, um dann vermutlich nie dahinter zu kommen, wovon ich überhaupt spreche. Oder, Du kannst es wirken lassen... Dich zurücklehnen und spüren. Nur die umfassende Weite Deines Gefühls kann das von mir Gesagte auch wirklich erfassen.

Gedanken bleiben immer an der Oberfläche. Der Verstand hat bloß einen kurzen Atem. Um in die Tiefen des unendlichen Ozeans *Leben* eintauchen zu können, braucht es nach wie vor Herz! Das Herz alleine ist fähig in jenen Dimensionen zu atmen, zu überleben und zu Sein. Und falls Du ´mal wieder auftauchst, dann wundere Dich nicht, dass Dich keiner verstehen wird. Sie kennen ja nicht die Tiefe des Ozeans... sie surfen noch auf den Wellen des Verstandes und kennen noch nicht die wundervolle und faszinierende Welt darunter.

Wer jedoch einmal in diese herrliche und spannende Fauna und Flora abgetaucht ist, wird, wenn er wieder an die Oberfläche auftaucht, ein anderer Mensch Sein. Vielleicht wird er wieder surfen, das kann schon sein, aber er surft nicht mehr bloß auf der Wellenoberfläche. Er surft nicht mehr auf der Welle. Er *ist* die Welle! Fortan befindet er sich nicht mehr auf dem Ozean, sondern er *ist* der Ozean! Für die anderen, die ‚Oberflächlichen', die Verstandesmenschen, für die mag es noch immer gleich ausschauen, aber es ist nicht mehr dasselbe. Über diesen Unterschied kann man nicht reden oder ihn jemandem per Verstand wirklich näher bringen, mit Worten oder so. Nein, man muss es selbst erleben. Du kannst nicht den anderen zum Tauchen bewegen oder zwingen, solange er sich davor fürchtet, aber Du kannst ihm die Sehnsucht nach der Tiefe des Seins erwecken. Dann, eines Tages, wird er eintauchen und dann, wenn er wieder auftaucht, dann sprich mit ihm.

Wenn Du also Deine Wahrheit finden willst, musst Du bis auf den Grund des Ozeans Deines Bewusstseins tauchen. Ja, und selbst wenn Du am Meeresgrund angelangt bist, höre nicht auf, grabe weiter, es geht weiter, immer weiter... immer weiter... immer weiter... immer weiter...! Wer glaubt, am Ziel, am ‚Ende des Universums' angekommen zu sein, der befindet sich erst am Anfang seiner Reise. Somit wünsche ich also allen Menschen, welche meine Worte vernehmen, schlicht eine gute Weiterreise!

Kinder sind Free Spirits - Erziehung

Erziehung ist ein wissenschaftliches Hauptgebiet der Soziologie, welches schon sehr frühzeitig als wichtigstes Instrument der Manipulation, genannt ‚Sozialisierung', erkannt wurde. Unter dem Vorwand Kinder zu erziehen, begehen viele Eltern den Fehler, ihre Kinder zu dem machen zu wollen, was sie selbst sind. Unbewusst streben Eltern danach, ihre Kinder so zu erziehen, dass sie die elterlichen Ansichten, Standpunkte und Glaubensmuster übernehmen. Damit übernehmen diese aber auch die Begrenzungen der Eltern, die Ängste und Zweifel derer, die sie erziehen. Soziologisches Hauptziel heute ist es, die Kinder an die Gesellschaft anzupassen. Interessanterweise wird jedoch meist weder die eigene Einstellung noch das System der Gesellschaft kritisch überprüft, bevor man Kinder unter dem Vorwand der Erziehung an sie anpasst.

Weil die Anforderungen der Gesellschaft in der Schule, im sozialen Verhalten und in der Wirtschaft immer größer werden, ist kaum ein Mensch in der Lage, diese alle zu erfüllen. Sollten dazu noch religiöse Anforderungen kommen, dann geraten sehr gefährliche Werkzeuge in oft sehr unbewusste Hände, welche den Kindern oft lebenslange Gewissenskonflikte bereiten.

Eltern sollten viel genauer darauf achten, *was* sie glauben, *weshalb* sie glauben und *wieso* sie möchten, dass andere dasselbe glauben sollen. Denn nur, wer seine eigenen Verhaltensmuster (er)kennt, kann sie aus der Erziehung ´raushalten. Und dies ist notwendig, wenn man seine Kinder zu fühlenden, selbständig denkenden und handelnden Erwachsenen heranbilden will. Ob diese in unserer so völlig angepassten Gesellschaft sehr erwünscht sind..?! Sie bringen unser Konzept über ein Leben in Gemeinschaft so ziemlich durcheinander. Kinder sind unbequem, fordern uns heraus, regen zum Überdenken alter Strukturen an und sind nicht so einfach mit Drohungen einzuschüchtern, welche sich ausschließlich auf die Zukunft beziehen. Kurz gefasst heißt unsere gängige Erziehungsmethode ja auch heutzutage noch: Wenn du nicht tust, wie ich oder die Gesellschaft will, oder die Familie, die Schule, das Gesetz, dann...

Somit leben die Menschen stets begleitet von der Angst, was sein könnte, wenn sie sich nicht an die Regeln anderer halten. Dies führt zur Unterdrückung eigener Bedürfnisse und zu jener versteckten Aggression, die ebenfalls mitwächst.

Je größer und je unterdrückter sie ist, desto stärker wird sie eines Tages entweder als Gewalt gegen andere oder als Krankheit ausbrechen. Vernünftig betrachtet, ist das völliger Unfug! Du darfst nicht... du sollst nicht... du kannst nicht, etc. führen uns letztlich genau dorthin, wo man vermeiden wollte zu ‚landen'. Familiäre sowie gesellschaftliche Konflikte werden so vorprogrammiert. Das Verfahren „Zuckerbrot und Peitsche" hat versagt. Es vermag die Menschen durchaus angepasst zu machen, aber nicht selbständig und schon gar nicht glücklich. Die Folgen davon sind offene und versteckte Feindseligkeiten, akute oder chronische Krankheiten sowie Kriege aus wirtschaftlichen, religiösen oder anderen Glaubensgründen. Dieser Kreislauf kann jedoch durchbrochen werden. Nicht mit Gewalt, welche man Erziehung nennt, sondern mit dem Vorleben einer offenen, toleranten und liebevollen Bewusstseinshaltung. Deshalb beginnt die Erziehung heute nicht bei den Kindern, sondern bei den Erwachsenen. Diese hatten nie Gelegenheit wirklich erwachsen zu werden. Sie mussten gehorchen, sich anpassen, nicht auffallen und gefügig sein. Uns wurde glauben gemacht, dass es anders nicht möglich ist, eine funktionierende soziale Gesellschaft aufrechtzuerhalten. Und wir haben dies geglaubt, meist ohne intensiveres Hinterfragen.

Nun wäre es wohl doch zu einfach, einzig der Gesellschaft die Schuld zuzuweisen. Nein, die Verantwortung trägt jeder Einzelne, Mutter und Vater, Lehrer und Freund, Bekannte und Verwandte – Du und ich. Doch lässt sich eine derart alte, traditionell verwurzelte Struktur nicht von heute auf morgen ändern. Es ist dies ein langfristiges Projekt, dem unsere kurzfristigen, persönlichen Annehmlichkeiten zum Wohl des Großen und Ganzen geopfert werden müssen. Jeder, dem seine Kinder lieb sind, oder der eine friedliche Weltgemeinschaft miterschaffen will, ist aufgerufen sich selbst zu verändern. Das bedeutet: Unsere alten Wahrheiten aufgeben, unsere vermeintliche Sicherheit gegen etwas vollkommen Neues, Unsicheres eintauschen; etwas, was wir offenbar fürchten.

Erschwerend kommt hinzu, dass die meisten Erwachsenen, verständlicherweise, kein gutes Verhältnis zu Lehrern und zum Lernen haben. Sie wollen keine Autoritäten mehr akzeptieren und fühlen sich schon bei der kleinsten Kritik oder bei einfachsten Hinweisen belehrt. Kaum einer kann unbelastet und frohen Mutes zugeben, etwas nicht zu wissen. Nur wenige sind in der Lage, verschiedene Standpunkte und Ansichten einzunehmen und die Dinge auch ´mal aus einer anderen Perspektive zu betrachten. Hier wird unsere Beschränktheit offensichtlich.

Ich fürchte mich nicht, solchen menschlichen Aspekten in die Augen zu schauen, denn ich erforsche ja nicht nur die Psyche anderer, sondern auch die meinige. Und wer erkennen will, wer neugierig ist und wer menschlichen Verhaltensweisen auf die Spur kommen will, der scheut eben auch nicht vor Unannehmlichkeiten zurück. Im Gegenteil, er betrachtet sie als Unterstützung im Prozess der Selbsterkenntnis.

Ich werde oft gefragt, ob ich denn der Meinung sei, dass man Kindern keine Grenzen setzen sollte. Nein, der Meinung bin ich nicht. Aber ich denke, dass man ihnen so wenige wie möglich setzen sollte und zu jeder Wahrheit, welche wir ihnen präsentieren, ihnen auch eine alternative Sichtweise anbieten beziehungsweise lassen sollten. Kinder brauchen mehr Raum, um die Welt, ihre Welt, zu entdecken und zu erforschen. Sie sollten sich mit einer spannenden, interessanten und schönen Welt auseinandersetzen können und nicht mit einer, welche von all unseren Ängsten, Sorgen und Befürchtungen vorgeprägt und beladen ist. Ein sorgenfreies Leben gibt es nicht. Ihnen jedoch nicht auch noch unsere Sorgen mit auf den Weg zu geben, erhält ihre Welt doch ein gutes Stück heller und zuversichtlicher. Erlauben wir unseren Kindern doch in einer ‚besseren' Welt als der unsrigen zu leben. Das würde sie stark und selbstbewusst machen und ihnen helfen, mit den eigenen ‚Schicksalsschlägen' selbst besser zurechtzukommen. Das ist es doch, was wir eigentlich wollen. Oder? Wir können ihnen ein sorgenfreies Leben also dadurch ermöglichen oder ihnen zumindest ein solches begünstigen, indem wir sie wenigstens von den unsrigen befreien. Alle Eltern wollen ihre Kinder beschützen, aber keiner kommt offenbar auf die Idee, sie vor der eigenen, elterlich subjektiven Meinung zu bewahren. Erziehung heute bedeutet also nicht, den Kindern lediglich unsere Wahrheiten aufzudrängen, sondern sie fühlend und wertschätzend darin zu unterstützen, ihre eigenen zu finden.

Wenn wir Kinder beobachten, dann stellen wir einen gravierenden Unterschied zum Erwachsenen fest: Kinder versuchen nicht ständig Schmerz zu vermeiden. Und mit Ehrlich-Sein hören sie auch erst dann auf, wenn wir ihnen beigebracht haben, dass das nicht ‚freundlich' ist und sie die entsprechenden Konsequenzen schon ein paar Mal spüren ließen. Lasst uns doch von ihnen lernen und nicht nur sie von uns...

Gelassenheit, Heiterkeit, Liebe und Freiheit

Viele glauben, dass einer schon ein Meister wäre, der über Gelassenheit verfügt. Dem ist nicht so. Unsere Gelassenheit gründet nicht auf Erleuchtung, sondern auf einer unterschiedlichen Betrachtungsweise des Lebens. Ich nenne sie die ‚bescheiden-luxuriöse' Lebensanschauung. Dazu möchte ich euch eine Geschichte erzählen, die ich gehört habe und die verdeutlicht, was ich meine:

Eines Tages machte ein Vater mit seinem Sohn eine Reise aufs Land, mit dem Ziel, ihm zu zeigen, wie reich sie wären. Sie verbrachten einen Tag und eine Nacht auf dem Hof einer armen Familie. Auf dem Nachhauseweg fragte der Vater seinen Sohn:
„Mein liebes Kind, wie war die Reise?"
„Sehr gut, Vater!"
„Konntest du sehen, wie arm Menschen sein können?", fragte der Vater. „Ja", sagte der Sohn.
"Und was hast du gelernt?"
Der Sohn antwortete: "Ich sah, dass wir einen Hund zu Hause haben – und sie haben vier. Wir haben einen Pool, der bis in die Mitte unseres Gartens reicht – sie haben einen kleinen Fluss, mit keinem Ende. Wir haben importierte Lampen im Garten – sie haben die Sterne. Unsere Terrasse reicht bis zum gegenüberliegenden Hof – sie haben den ganzen Horizont."
Als der kleine Junge endete, war der Vater sprachlos. Und der Sohn fügte hinzu: „Danke Vater, dass du mir gezeigt hast, wie arm wir sind."

Bescheidenheit macht gelassen. Bescheidenheit benötigt Vertrauen. Bescheidenheit und Vertrauen machen jedoch nicht nur gelassen, sondern auch glücklich. Wenn die Menschen erst erkennen können, wie sehr ihre Abhängigkeit vom Reichtum sie begrenzt, und dass auch das Dach der schönsten Villa die Sicht auf die Sterne verbaut, wenn sie erkennen können, dass der schönste Pool keinen Fluss und keine Beziehung die Liebe einer glücklichen Familie ersetzen kann und dass sie alles, was wichtig ist, vom Universum geschenkt bekommen, dann würden auch sie entspannt und gelassen und somit glücklich sein können.

Der Glaube an Wiedergeburt und Karma – wenn ich auch nicht in jedem Punkt übereinstimme – ermöglicht den Menschen in Indien zum Beispiel eine grundlegend andere Sicht auf die Gegenwart ihres Lebens.

Sie müssen nicht alles jetzt haben, sie sind nicht so in Eile, denn sie wissen, dass dieses Leben nur eines von vielen ist. Was sie heute vielleicht entbehren, darauf freuen sie sich in der Zukunft. Zudem wissen sie, dass jeder Mangel, unter dem sie leiden, karmische Lasten abbaut oder die Veredelung ihrer Seele vorantreibt. Denken die Menschen im Westen überhaupt über eine solche Veredelung nach? Ja, jedoch nur – und das ist im Osten nicht anders – wenn es ihnen Vorteile bringt. Aber so lässt sich nicht wirklich entspannen. Gelassenheit geht tiefer, ist weiter und vor allem beständiger. Mit der Gelassenheit ist es wie mit der Liebe, erst wenn sie bedingungslos wird und aus reinem Vertrauen besteht, hat sie Ewigkeitsbestand.

Wenn dieser Punkt erreicht wird, stellt sich ganz von alleine eine tiefe Heiterkeit sowie eine ungekannte Leichtigkeit des Seins ein. Denn jetzt ist alles wie es ist, und braucht zu nichts mehr dienen und auf nichts mehr abzuzielen. Ich nenne es die Freiheit der Heiterkeit, die Freiheit der Liebe, die Freiheit der Gelassenheit.

Nur wer frei ist, kann gelassen sein.

Freiheit misst sich nicht daran, wie viel Geld oder Güter jemand besitzt, sondern wie viel Wert er all jenem beimisst, was ihn natürlicherweise umgibt. Jeder darf sich daher selbst fragen, wie viel Wert er den Dingen in seinem Leben gibt. Je wertvoller Dir die kleinsten Kleinigkeiten und die natürlichsten Natürlichkeiten in Deinem Leben werden, desto glücklicher, gelassener und freier wirst Du Dich fühlen.

Das verlorene Lachen

In gewissen Ländern dieser Erde sind die Straßen erfüllt vom Lachen der Menschen und ihr werdet staunen, dass ich eine solche Heiterkeit nicht in reichen, sondern in armen Ländern und Städten am meisten beobachtet habe. Dies sollte zu denken geben! Dies bedeutet nicht, dass Armut glücklich, heiter und gelassen macht, aber es bedeutet vielleicht, dass Erwartung unglücklich stimmt. Es ist nicht so, dass es den Menschen ‚objektiv' besser oder schlechter geht in Ost und West, doch kann man alles von verschiedenen Standpunkten aus betrachten und dementsprechend auch erleben. Das Lachen der Menschen verliert sich also in ihren Erwartungen. Erwartung ist es, welche die Menschen enttäuscht werden lässt. Enttäuschte Menschen verlieren ihre Fähigkeit wirklich zu lieben. Denn was bleibt ist eine Art von ‚Eigenliebe' – was ich grundsätzlich ja befürworte –, welche jedoch dem ‚Selbstmitleid' anheim fiel. Solche Egozentrik entfernt sie in der Folge immer weiter von ihren Mitmenschen.

Nicht nur so weit, dass sie sich gegenseitig gar nicht mehr wahrnehmen, sondern so weit, dass sie den Nächsten gar nicht mehr wahrnehmen *wollen*. Dieser Zustand ist es, von dem Jesus als „Totsein" und Buddha von „schlafend" gesprochen hat. Alle haben sie vom Aufwachen, vom Lebendig-Sein gesprochen, die schönsten, berührendsten Gleichnisse oder Geschichten erzählt, um die Menschen zur „Umkehr", zum „Aufwachen" oder zum „Leben" zu erwecken. Aber eben... Tote hören nicht und Schlafende sehen nicht. Was also müsste ich tun, um diesen Menschen zum Erwachen zu verhelfen? Seht ihr, ich weiß es einfach nicht. Denn auch wenn jemand meine Worte vernehmen kann, es garantiert nicht, dass sie auch verstanden werden. Die Leute sagen mir, wie wundervoll meine Worte sind und wie erleuchtend, aber kurz nachdem sie dies gesagt haben, schlafen sie dann doch wieder ein. Sie sind offenbar müde, zu müde – lebensmüde. Ich kann es mir nur so erklären, dass sie ermüdet sind vom Erfüllen-wollen ihrer mannigfaltigen Erwartungen und vom Erfüllenmüssen ihrer alltäglichen Pflichten; von ihrer Jagd nach Erfüllung all ihrer nie endenden Wünsche sowie nach ihrer endlosen Suche nach Liebe, Glück und Zufriedenheit. Man kann ihnen Liebe geben und das gesamte Glück der Welt zu Füßen legen und es zerrinnt also gleich wie ein Regentropfen, der in die Wüste fällt – Wüste, Sinnbild für die innere Leere, die seelische Einöde, in der sich die Menschen befinden. Man kann sie nicht bewässern. Ein Glas Wasser bloß reicht nicht aus, es versiegt noch, ehe die ersten Knospen sprießen. Und so versuche ich nicht Wasser in die Wüste zu tragen, sondern einen Weg zu graben, ein neues Flusstal anzulegen, in welchem der Ozean selbst zur Wüste fließen kann.

Ich baue nicht alleine, sonst würde dies ‚ewig' dauern, ich baue in Zusammenarbeit mit allen Meistern des Universums, mit dem feurigen Herzen Gottes in mir, den Händen des unendlich geduldigen Schöpfers und den Worten des heiligen Geistes. Ich kenne keine Eile und keine Müdigkeit. Die Welt ist noch jung und alles wird sich zum Guten wenden. Dieses Wissen gibt mir die Kraft mit jedem Tag, ja mit jedem Augenblick, meine Arbeit aufs Neue in Angriff zu nehmen. Dies alles und die Gewissheit, dass letztlich Wüste und Ozean eins sind, lässt mich so heiter und gelassen sein, wie ich es bin. Und damit mich niemand von meiner Arbeit abhält, habe ich mir einen Körper erschaffen, dem man nicht ansieht, wer ich bin. Ich bin unscheinbar und gar nicht so, wie man sich mich vielleicht vorstellt und ich werde immer Wert darauf legen, einfach zu bleiben, sodass nur jene mich finden, deren Sehnsucht nach dem Ozean genau so tief und groß ist wie die meinige.

Fühlen

Das Geheimnis des Fühlens

Fühlen zu können ist die einzig wesentliche Fähigkeit, welche alle Lebewesen miteinander teilen!

Ohne zu fühlen wäre es nicht möglich, in dieser Welt Erfahrungen zu machen. Es wäre auch nicht möglich, Erfahrungen zu integrieren, wenn wir nicht fühlen könnten. Fühlen ist der Universalschlüssel. Er öffnet die Schlösser zu anderen Herzenstüren, zur Natur, bis hin zu Gott. Gefühle verbinden und einen, aber sie können uns auch trennen. Natürlich trennen uns nicht wirklich die Gefühle, sondern der Verstand. Denn der Verstand ortet nur all jene Wesen als Freunde, welche dieselben Gefühle teilen. Alles andere wird fest in einer Gehirnschublade mit der Bezeichnung ‚Feinde' verschlossen.

Die Menschen, speziell erwachsene, fürchten sich vor Erweiterung ihrer Gefühle. Warum? Weil es bedeutet, dass sie sich ausdehnen müssten, Intimität zulassen, Grenzen erweitern, berührt werden und in eine hohe ethische gegenseitige Verantwortlichkeit einwilligen müssten. Verantwortung verpflichtet, Liebe macht verletzlich und seinen eigenen Grenzen zu begegnen macht unsicher. Davor haben sie Angst.

Entgegen einigen Behauptungen treffen die Menschen ihre Entscheidungen nicht mit dem Verstand, sondern mit dem Gefühl. Unzählige Studien haben diesen Umstand belegt. Deshalb baut zum Beispiel die Werbung nicht auf Produkte selbst, sondern auf die damit in Verbindung gebrachten ‚Gefühle' von Freiheit, Erfolg, Macht, Schönheit, Gesundheit, Glück und dergleichen. Das alles sind bestimmte Gefühle – Emotionen – keine Produkte. Wer würde denn schon eine mit allerlei Giften versetzte Kosmetiklinie kaufen, geschweige denn verwenden, wenn man sie nicht zuvor glauben gemacht hätte, dass ‚man' dann begehrt wird, jünger aussieht oder gesünder ist? Wer will nicht erfolgreich sein? Wer will nicht schön sein? Wer will nicht frei sein? Wer will nicht reich sein? Alle wollen es, aber nur die wenigsten sind bereit zu erkennen, dass diese Dinge nicht aus dem Außen kommen, sondern sich aus dem Innern nach außen entfalten! Natürlich ‚wissen' es alle, aber nur die wenigsten handeln auch danach. Warum? Weil sie nicht bereit sind, jenen Gefühlen zu begegnen, welche sie begrenzen.

Da wären dann nämlich Angst, Wut, Verzweiflung, Abhängigkeit, Krankheit, Eifersucht, Lieblosigkeit und dergleichen mehr. Aber genau darum geht es. Wird zum Beispiel Erfolg von ‚außen' erreicht, durch Kleider, Prestigegüter, Beziehungen etc., dann kommen diese Gefühle eben einfach in der Folge hoch. Dann ist man möglicherweise reich, schön, erfolgreich, berühmt, mächtig usw., aber leider immer noch nicht glücklich. Entweder ist man davor – egal ob mit oder ohne all das – schon glücklich gewesen oder man wird es nie. Die meisten können das nicht verstehen und wundern sich, dass gerade solche Menschen dem Alkohol, den Drogen, Depressionen oder anderen Krankheiten verfallen und letzten Endes ihr Leben genau dort, wenn nicht noch tiefer unten, beenden. Tja, die Wahrheit kommt immer zum Vorschein! Die Schöpfung lässt sich langfristig nicht hinters Licht führen und sie würden gut daran tun, bevor sie erfolgreich sind, den inneren Erfolg, die innere Schönheit und das innere Glück zu verwirklichen, entgegen der vorherrschenden Devise: Außen fix und innen nix...

Das große Geheimnis des Fühlens lautet: Fühle alles, was ist, ohne Widerstand, einfach alles. Wer dies beherrscht, wird Meisterschaft erlangen. Möglicherweise schon Jahre vor seinem äußeren Erfolg. Aber wenn solch ein Meister, solch eine Meisterin, äußere Großartigkeit erfährt, dann können sie auch darin bleiben und es werden auch keine unangenehmen Überraschungen folgen. Denn sie sind, was sie sind. Da ist kein Schein, sondern Sein und nur das zählt, nur das ist wirklich wesentlich. Und dafür, so meine ich zumindest, lohnt es sich zu gehen.

Nun möchte ich Dir ein paar, vielleicht sogar neue, Details über Gefühle verraten. Folgende Beschreibungen sind den Kursunterlagen entnommen und ich bitte um Verständnis, dass ab und zu die Bezeichnung ‚Free Spirits' auftaucht. So nennen wir einfach unsere Einweihungsschüler.

Über unterdrückte Gefühle

Ein Gefühl vermeiden zu wollen, führt zu dessen Unterdrückung und erschafft eben diese unerwünschten Gefühle. Du denkst, Eifersucht sei schlecht, Du denkst, Angst sei schlecht, Du denkst, Wut sei schlecht, Du denkst, Unsicherheit sei schlecht, Du denkst Einsamkeit und das Gefühl ein Versager zu sein, seien schlecht und am liebsten möchtest Du alle diese Gefühle nie erleben.

Du möchtest sie weg haben. Was Du aber tatsächlich tust, anstatt sie zu transformieren, ist, sie zu kontrollieren. Diese Kontrolle endet in Unterdrückung. So kannst Du diese Gefühle nicht loswerden, im Gegenteil: Durch Deinen Widerstand werden sie sich eher noch verstärken und je intensiver sie dann werden, desto größer wird Dein Wunsch, diese loszuwerden. Ein endloser Kreislauf beginnt.

Um diese Gefühle loszuwerden, musst Du durch sie hindurchgehen, so wie man durch den Nebel hindurchgeht. Denn, wie schon gesagt, ohne dass Du diese Gefühle und Zustände widerstandslos erlebt hast, ist Transformation nicht möglich. Das eigentliche Problem, weshalb es überhaupt Gefühle gibt, die man nicht haben möchte, ist, dass Du sie bewertest. Es gibt für Dich ‚gute' und ‚schlechte' Gefühle. Diese Ansicht führt jedoch zur Trennung der Lebenserfahrungen der Vergangenheit, Gegenwart und auch der Zukunft. Auch Dich selber bist Du gewohnt zu beurteilen und mit anderen zu vergleichen. So jedoch trennst Du Dich von allem mehr und mehr ab. Deine Gefühle beginnen zu erstarren und zurück bleibt Frustration. Jetzt werden Dich Deine unerwünschten Gefühle noch enger begleiten und bald denkst Du vielleicht, dass Du eben so seist. Aber Du bist nicht so! Du hast Dich so gemacht, weil Dir niemand beigebracht hat, wie man wirklich mit Gefühlen umgeht.

Ich empfehle Dir Folgendes: Werde zum Beobachter aller Gefühle, die Du empfindest. Beobachte sie, fühle sie und zwar, ohne sie gleich zu beurteilen und zu bewerten. Dabei wirst Du entdecken, dass die Dinge äußerst spannend und interessant sind. Du würdest sie plötzlich nicht mehr bekämpfen wollen, sondern sie bereitwillig erleben und durch sie hindurchgehen. Eben genauso, wie man im Herbst durch den Nebel geht. Jetzt beginnen sie sich von allein zu transformieren, die Zustände integrieren sich, Du wirst wieder ganz und eine tiefe innere Ruhe stellt sich ein.

Solange zum Beispiel Kinder nicht wissen, dass Angst schlecht ist, Wut und Ärger als normal empfinden, solange sie nicht beurteilen, was sie erleben, erleben sie die Dinge voll und ganz. Und so lange sie auf diese Art und Weise leben, entsteht für sie kein belastendes Karma. Alle Erfahrungen integrieren sich laufend, nichts wird verdrängt, alles wird bereitwillig erlebt und durch das Erleben selbst laufend wieder aufgelöst und in freie Energie transformiert.

Was die Erwachsenen als Schicksal betrachten, ist für Kinder nichts weiter als ein Abenteuer. Situationen, in denen sich Erwachsene als Opfer sehen, sind für Kinder einfach Kreationen.

Und weil sie eben alles so authentisch annehmen, unterdrücken sie nichts. Wir sollten ihnen also nicht erst beibringen, ihre Gefühle zu unterdrücken, nur damit sie später in irgendeiner Therapie oder in unseren Kursen es neu erlernen müssen den Durchblick zu haben.

Vielleicht haben Kinder den besseren Durchblick als die Erwachsenen. Nicht intellektuell, aber bestimmt gefühlsmäßig. Also, in diesem Sinne: Werdet wie die Kinder, genießt das Abenteuer Leben und nehmt nicht alles, was schmerzt, so unendlich wichtig. Wer sein Leid genießen kann, ist es bereits los!

Kategorien des Fühlens

Fühlen ist das Hauptthema nicht nur dieses Trainings, sondern des Lebens an und für sich. Aber ‚richtiges' Fühlen ist gar nicht so einfach, wie es sich anhört.

Ich unterscheide folgende 4 Kategorien:

- Reaktives Fühlen (Emotion)
- Interpretiertes Fühlen (gefiltertes Fühlen)
- Authentisches Fühlen (Fühlen)
- Das ‚ICH BIN´ Fühlen (Sein)

Fühlen ist eine Eigenart aller Lebewesen. Dazu zähle ich Menschen, Tiere, Pflanzen, Wasser, Steine, Gegenstände sowie andere, unbekannte Lebensformen, welche sich in anderen Dimensionen befinden. Wie die Menschen fühlen, verändert sich vom Säugling zum Erwachsenen genauso, wie es sich von Zeitalter zu Zeitalter verändert hat. Zu Beginn befanden sich alle Wesen im Zustand des Eins-Seins. Danach folgte das authentische Fühlen, dann das gefilterte und das reaktive. Am unteren, respektive untersten Ende der Skala befindet sich der reine Kopfmensch.

Wenn Du wissen willst, wie man eine Realität erschafft oder Dinge materialisiert, dann solltest Du dem Fühlen wieder einen sehr hohen Stellenwert beimessen. Ja, Fühlen ist Magie!

Am Anfang war zwar das Wort, aber das Wort ist bloß ein Gefäß. Erst wenn wir dieses Gefäß mit Gefühl füllen, wird es mächtig. Der Unterschied zwischen weißer und schwarzer Magie ist gering. Die einen füllen das Gefäß ‚Wort' mit Gefühl, die anderen mit Emotionen.

Das Wort muss nicht gezwungenermaßen ausgesprochen werden, wenn es auch hilft, es reicht schon der klar formulierte Gedanke. Nur unter Einbeziehung des Fühlens lässt sich etwas erschaffen (kreieren) oder entschaffen (auflösen). Wird solch ein Wort oder Gedanke mit genügend Gefühl oder Emotion aufgeladen, beginnt es sich zu materialisieren. Im optimalen Fall augenblicklich. Dieses von mir erläuterte Wort ist bitte nicht zu verwechseln mit dem Urton, dem Urklang aus dem alles entstanden ist. Er wird in den mystischen Traditionen ebenfalls oft als ‚das Wort' bezeichnet.

Werden unerwünschte Situationen, Realitäten oder Gefühle gefühlt, dann lösen sie sich auf und müssen, um erneut erlebt werden zu können, neu erschaffen werden. Das Erschaffen von Situationen, welche auf Angst basieren, ist also ein schwarzmagisches Kreieren, da sie mit Emotionen erschaffen werden. Aber auch tolle Situationen können mit Emotionen erschaffen werden. Dies wäre dann ebenfalls ‚schwarzmagisch'. Jedoch müssen wir an dieser Stelle festhalten, dass weiß und schwarz letztlich auch bloß eine Sichtweise betreffen und nicht generell als gut oder schlecht abgetan werden können. Für einen FREE SPIRIT, wie Du nun bald einer sein wirst, existiert sowieso alles wertneutral.

Das will jedoch nicht bedeuten, dass ich es gut heiße, anderen Wesen zu schaden! Ich heiße es jedoch auch nicht immer gut, andere zu heilen oder ihnen ihre Probleme aus dem Weg zu räumen. Es kommt immer auf die Situation und die Betrachtungsweise an, ob etwas nun weiß oder schwarz ist, gut oder schlecht, hilfreich oder nicht wirklich hilfreich. Als FREE SPIRIT kannst Du es aufgrund Deines authentischen Gefühls unterscheiden, welches Du bis zum Ende der Ausbildung wieder gefunden haben wirst.

Hier wird deutlich, dass es einigen Durchblicks bedarf, um wirklich ein Lichtarbeiter, eine Lichtarbeiterin zu sein. Außenstehende können dies niemals beurteilen und auch wir sollten uns mit Urteilen wohlweislich zurückhalten. Wertneutral bedeutet also nicht wertlos, sondern etwas aufgrund seines Wertes schätzen, selbst dann, wenn dieser kein edler sein möge.

Ich erkläre dir jetzt, wie ich diese vier Fühl-Kategorien unterscheide, indem ich sie kurz beschreibe:

Reaktives Fühlen (Emotion)

Als reaktives Fühlen / Emotion bezeichne ich jedes Gefühl, welches durch irgendetwas ausgelöst wird, was du als ‚nicht-ich' definierst. Solche Gefühle werden durch etwas ausgelöst. Du bist meist nicht in der Lage, Dich selbst als Schöpfer oder Schöpferin dieser Gefühle zu erkennen und fühlst Dich dementsprechend eher als Opfer solcher Gefühle, oder besser gesagt, Emotionen. Der Unterschied zwischen Gefühlen und Emotionen ist der, dass Emotionen Dich überkommen, Dich leben und Ursprung darüber sind, wie Du Dich fühlst. Im Gegensatz zu echten Gefühlen, welche leise, sanft und ruhig sind, fühlen sich Emotionen wild, unkontrollierbar, aufwühlend und übermächtig an. Grundsätzlich ist reaktives Fühlen, wie es der Name schon sagt, das Fühlen einer unmittelbaren Reaktion auf etwas. Emotionen wühlen den Ozean deiner Seele auf und verhindern dadurch eine tiefere Innenschau. Es sieht dann so aus wie aufgewühltes Wasser. Es verzerrt Dein gespiegeltes Antlitz und Du kannst Dich selbst nicht mehr klar erkennen.

Dies ist der Hauptgrund dafür, dass gewisse Machthaber dieses Planeten und auch Wesen anderer Dimensionen so sehr darauf aus sind, Emotionen in den Menschen zu produzieren. Solange die Menschen in ihren Emotionen gefangen sind, forschen sie nicht tiefer und wenn, dann werden sie in diesem aufgewühlten Seelenzustand nicht fündig. Somit entsteht ein Zustand grundlegender innerer Unzufriedenheit, welche die Menschen zu einer leicht manipulierbaren Masse, genannt ‚Menschheit' oder ‚Volk', macht. Wirtschaft, Wissenschaft und auch Religion wissen das natürlich sehr zu schätzen, denn diese Unzufriedenheit ist ja die Basis einer Konsumgesellschaft und auch von Gläubigen, einerlei welcher Religion sie sich in der Folge anzuschließen entscheiden.

Emotion oder reaktives Fühlen verhindert also, dass man wirkliche Gefühle entwickeln kann. Heute sind wir jedoch schon fast so weit, dass man emotionale Menschen mit ‚sehr gefühlvoll' bezeichnet, was natürlich ein fataler Irrtum ist. Emotionsgesteuerte Menschen sind unberechenbar. Je nachdem, was in ihnen ausgelöst wird, können sie sich sehr aggressiv oder verletzend verhalten. Sie sind nicht Herr bzw. Frau über sich selbst und neigen zu unlogischen und überraschenden Ausbrüchen, welche laut, aber auch leise sein können. Sie haben jedoch immer gute Entschuldigungen bereit, um ihre Reaktionen zu rechtfertigen. Entweder war es der Alkohol, das ihnen zugefügte Unrecht, das Schicksal, Karma oder der Zufall. Irgendetwas jedenfalls, wodurch sie nicht verantwortlich sein wollen für ihr Verhalten. Und die Welt akzeptiert das in den meisten Fällen. Warum?

Tja, ich vermute, weil die überwiegende Zahl der Menschen emotional ist. Das Gegenteil von emotional ist übrigens nicht rational, sondern gefühlvoll.

Welche ‚Gefühle' zähle ich nun also zu dieser Kategorie?
Schreck – Angst – Depression – Ohnmacht – Hoffnungslosigkeit – Verzweiflung – Impulsivität – Machtgier – Zorn – Wut – Hass – Gewalt – Euphorie – Begierde – Geiz – Rachlust – Heuchelei – Verliebtheit – Übermäßige Freude – Bewunderung – Anbetung – Verherrlichung – Begeisterung - Überhöhtes Ich-Gefühl - und weitere mehr...

Interpretiertes Fühlen (gefiltertes Fühlen)
Als gefiltertes Fühlen bezeichne ich Gefühle, welche durch eine bestimmte bewusste oder unbewusste Interpretation entstehen. Wenn du zum Beispiel einen Baum betrachtest und du fühlst ihn als mächtig, stark und gut verwurzelt oder ähnliches, so handelt es sich um interpretiertes Fühlen. Denn der Baum wirkt vermutlich deshalb so auf uns, weil wir Menschen meist kleiner sind, weniger lange leben und selbst eine bestimmte Vorstellung von Verwurzeltsein haben. Demnach würde sich zum Beispiel ein Stück Metall eher kalt und hart anfühlen... weil wir es mit unseren äußeren Sinnen so wahrnehmen.
Interpretiertes Fühlen basiert also auf unseren bisherigen Erkenntnissen, Erfahrungen, Bewertungen und unserem Wissen. Diese Ebene des Fühlens zu überwinden ist vermutlich das schwierigste Unterfangen in Bezug auf das Wiedererlernen des authentischen Fühlens. Je nach Bewusstsein werden alle Eindrücke von uns gefiltert und fühlen sich dann, gemäß den individuellen Bewusstseinsfiltern, so oder anders an. Kaum ein Mensch würde sich jemals schlecht fühlen beim Betrachten einer wundervollen Blume, es sei denn, er ist allergisch auf Blumen. Es ist also klar warum... weil wir Blumen im Allgemeinen als schön empfinden, Felsen als schwer, Federn als leicht etc.

Um sich von dieser Art zu fühlen lösen zu können, muss man seine eigenen ‚Filter' gut kennen und beiseite legen können. Wenn dies gelingt, dann wird Fühlen und Leben wieder wahrhaft abenteuerlich. Vieles wird dann völlig neu erfahren und das Leben wird spannend wie nie zuvor.

Nehmen wir das Beispiel Wetter. Wenn es regnet, fühlen sich viele Menschen nicht so gut. Hätten sie zuvor jedoch einige Monate in der Wüste gelebt, so würden sie sich vermutlich phantastisch fühlen. Da gäbe es jedoch noch eine andere Variante, jenseits von ‚schönem' oder ‚schlechtem' Wetter: Dann ist einfach Wetter.

Kaum einer kennt dieses Gefühl. Einfach Wetter, jenseits von Bewertung und Interpretation aufgrund irgendeiner Erfahrung. Das wäre spannend! Wie fühlt es sich überhaupt an, ‚Wetter'? Dies wäre dann ‚Authentisches Fühlen'.

Welche ‚Gefühle' zähle ich nun also zu dieser Kategorie?
Alle Gefühle, welche nicht neutral sind oder welche einer Vorstellung, einer vorherigen Erfahrung oder meinem derzeitigen Wissen entsprechen.

Authentisches Fühlen (Fühlen)
Als authentisches Fühlen, welches für mich das echte Fühlen darstellt, bezeichne ich alle Gefühle, die augenblicklich und neu sind. Authentische Gefühle sind immer einzigartig und unvergleichlich. Es ist, was es ist. Es fühlt sich so an, wie es sich anfühlt, heute so und morgen so. Manchmal ähnlich und manchmal verschieden, je nachdem...

Welche ‚Gefühle' zähle ich nun also zu dieser Kategorie?
Alle Gefühle außer Emotionen können authentisch sein, müssen aber nicht.

Das ‚ICH BIN' Fühlen (Sein)
Diese Art zu fühlen entspricht mehr einem Seinszustand als einem der bekannten Gefühle. Es ist das Sich eins fühlen, das Gefühl einfach zu sein, ohne Fragen und ohne Antworten. Einfach Sein. Es fühlt sich so an wie zum Beispiel: Hm... Es ist das Gefühl von ‚ICH BIN'... Punkt.
Ich nenne es auch das absolute Fühlen der Gegenwart oder schlicht: Erleuchtung. Dieser Zustand kann sporadisch auftreten und kurz, lange oder dauerhaft sein.

Rudolf Steiner – Sozialreformer, Pädagoge und Frei-Geist

„Kehre Deinen Willen um,
lass ihn so kraftvoll wie möglich werden,
aber lass ihn nicht als den Deinen in die Dinge strömen,
sondern erkundige Dich nach der Dinge Wesen
und gib ihnen Deinen Willen.

Lass Dich und Deinen Willen aus den Dingen strömen.
Lass die Leuchtkraft Deiner Augen
aus jeder Blume aus jedem Sterne fließen,
aber behalte Dich und Deine Tränen zurück.

Schenke Deine Worte den Dingen, die stumm sind,
damit sie durch Dich sprechen.
Denn sie sind nicht eine Aufforderung an Deine Lust,
diese stummen Dinge,
sondern sie sind eine Aufforderung an Deine Tätigkeit.

Nicht was sie geworden ohne Dich,
ist für Dich da,
sondern was sie werden sollen,
muss durch Dich da sein."

Meine Gründe dafür, dass ich die Menschen liebe

Es gibt einige ‚gute Gründe' dafür, dass ich die Menschen respektiere und wertschätze. Es mögen nun nicht jene Gründe sein, die man erwartet, aber es sind trotzdem sehr gute Gründe. Und wer weiß, vielleicht eröffnen sie Dir ebenfalls eine etwas differenziertere Sicht auf Dich selbst. Meine Gründe sind:

- Ich war ein schlechter Schüler
- Ich war ein unbequemer Sohn
- Ich war ein rebellischer Jugendlicher
- Ich war Zeitungsausträger und Laborputzer
- Ich bin Rollschuh, Rollbrett, Fahrrad, Moped, Motorrad und Auto gefahren
- Ich war sowohl ‚Milieu-' als auch 5-Sterne Koch, Kellner und auch Gast
- Ich war Bauarbeiter auf dem Abbruch und habe Alteisen gesammelt
- Ich habe Treppenhäuser gereinigt
- Ich habe geraucht, getrunken und andere, sanfte Drogen konsumiert
- Ich war Hochseematrose
- Ich habe die Welt mit und ohne Geld bereist
- Ich wurde von der Polizei verhaftet
- Ich war Täter und Opfer
- Ich war Soldat und Sprengspezialist der Schweizer Armee
- Ich bin Vater, verheiratet, getrennt, geschieden
- Ich war Lehrer, Besserwisser, Asket
- Ich war jahrelang Mitglied und später Prüfungsexperte der Vereinigung der Heiler in der Schweiz (Schweiz. Verband für natürliches Heilen SVNH)
- Ich habe meditiert, gebetet, geflucht
- Ich bin mehrmals schwer verunfallt, auch inkl. bewusstem Körperaustritt.
- Ich war todkrank und wieder gesund
- Ich war traurig und glücklich
- Ich habe verlassen und wurde verlassen
- Ich war eifersüchtig, gefangen, treu, untreu und frei

- Ich habe verurteilt und bin verurteilt worden
- Ich war arbeitslos und auch überarbeitet
- Ich wurde verflucht und vergöttert
- Ich habe Leid zugefügt und ich habe gelitten
- Ich wurde geliebt und auch geächtet
- Ich war erfolgreich und erfolglos
- Ich frönte der Völlerei und habe auch gefastet
- Ich war weder irgendwo der Beste noch der Schönste
- Ich war einfach in allem mittelmäßig

Außer in einem, da war ich nie mittelmäßig: Ich fühlte und wusste immer überdurchschnittlich genau, was Menschlichkeit bedeutet und diese leise, innere Stimme in mir konnte ich nie vollständig zum Schweigen bringen. Dies führte mich nach und nach in die Gesinnung, welche mich heute auszeichnet. Irgendwann habe ich begonnen, die volle Verantwortung für alles zu übernehmen, was ich erlebte und erlebe. Ich begann Verantwortung zu übernehmen und wurde immer ehrlicher und immer authentischer; so lange Jahre, bis ich wieder wusste, wer ich bin. Der erweckendste Moment meines Lebens war die Erfahrung, dass das, was ich bin, vollkommen in Ordnung ist.

Ich bin, so wie ich bin, genau richtig.
Dies zu wissen, ist eines: Es beruhigt.
Es jedoch bis in jede Zelle hinein zu erfahren, ist etwas anderes: Es ist Erleuchtung.

Wenn Du also einem Menschen begegnest, der nicht über genügend Wertschätzung, Liebe, Toleranz und Nachsicht für andere verfügt, dann wisse Folgendes: Sie haben einfach noch zu wenig Lebenserfahrung. Bleib Du sanftmütig. Eigentlich sollte das ein Vorrecht der Jugend sein. Wenn jemand schon erwachsen ist und dennoch diese Eigenschaften nicht aufweist, dann bloß deswegen, dass er sein Leben lang nicht wirklich gelebt, sondern bloß funktioniert hat. So jemand benötigt dringendst eine Therapie! Sie lautet: Fange an zu leben, wirklich lebendig zu sein, Dich selbst zu verwirklichen und ja, einfach Du selbst zu sein. Dafür ist es nie zu spät. Erlaube den Menschen und Dir selbst Fehler haben und machen zu dürfen, erlaube ihnen, nicht perfekt funktionieren zu müssen und sie werden ebenfalls, früher oder später, Erleuchtung erfahren.

Grundlos glücklich Sein

Also, wenn ich dies oder jenes besitze, dann werde ich glücklich sein! So jedenfalls scheint es in den Köpfen der meisten Menschen herumzuspuken. Sie können nicht glücklich Sein, wenn sie nicht gesund sind, wenn sie arm oder arbeitslos sind, wenn sie nichts zu essen haben oder wenn sie einsam sind. Soweit scheint dies ja noch logisch zu sein; aber halt! Ich bin noch nicht fertig. Wenn ich die Menschen genauer betrachte, dann frage ich mich: Warum schaffen sie es ebenfalls nicht glücklich zu Sein, wenn sie gesund, reich, arbeitstätig sind und sich in Gesellschaft befinden?

An meiner Schreibweise von „glücklich Sein" kannst Du erkennen, woran es möglicherweise liegen könnte. Die Menschen verbinden Glück wohl immer mit Äußerlichkeiten, mit den Gegebenheiten ihrer Lebensbedingungen. Glück ist jedoch ein Bewusst-Seins-Zustand jenseits von Haben. Es geht um reines Sein. Trägst Du Glück in Deinem Bewusstsein, dann ist Glückl-ich-Sein oder Glück-Lich(t)-Sein in jeder Lebenslage möglich. Wie das geht, ist ganz einfach. Erfülle einfach die Bedürfnisse Deines Herzens! Das Herz möchte immer helfen, nützlich sein, sich verschenken und dem Nächsten dienen. Tue es und Du wirst sehen, wie schnell Du glücklich sein wirst! Nun, lass es unser Geheimnis sein, dass wohl alle Menschen, die nicht glücklich sind, dem Nächsten nicht wirklich dienen. Sie dienen vielleicht scheinbar, aber in Wirklichkeit ist es vermutlich doch eher ein Dienst an sich selbst (man möchte vielleicht einfach ein guter Mensch sein oder Ähnliches) und nicht ein bedingungsloses Herschenken seiner tiefsten Liebe zum Wohle des anderen. Wir sind da natürlich selbstverständlich die Ausnahme. Vielleicht aber machen wir uns auch bloß vor glücklich zu Sein, damit wir nichts an uns verändern müssen...?!

Dankbarkeit ist Teil vom Glücklich-Sein – nicht aber dessen Folge. Jeglicher Erfolg, echter Erfolg, ist die natürliche Folge von Glücklich-Sein. Wo Du nicht an Dank denkst, wo Du nichts erwartest und wo Du nichts verlangst, wirst Du alles bekommen. Anders jedoch wirst Du so leicht nichts bekommen, sondern Dir alles erkämpfen müssen. Die meisten laufen dem Glück hinterher. Sie haben es noch nicht verstanden; nur wenige warten mit offenen Armen das Glück zu empfangen und die wenigsten laufen ihm entgegen...

Nicht Unglücklichsein führt zu Undankbarkeit, sondern ganz im Gegenteil führt Undankbarkeit zum Unglücklichsein.

Und somit führt auch Glücklich-Sein nicht zu Dankbarkeit, sondern auch da läuft es andersrum.

Undankbar ist alles,
wofür man Dank erwartet!

Erkauftes Glück, mit welchen Mitteln auch immer, ist kein wahres Glück. Kalkuliertes Glück, mit welcher Formel auch immer, ist kein wahres Glück. Erwartetes Glück, aus welchen Gründen auch immer, ist kein wahres Glück. Wahres Glück entspricht dem Sich-freuen darüber, dass man überhaupt existiert, dass man etwas für andere tun kann. Es wird nicht aus diesem Grunde gefühlt oder getan, aber es ist die Folge dessen, dass Du glücklich bist Du-selbst-zu-sein. Entweder Du Bist es – jetzt – oder Du wirst es nie sein. Bist Du es noch nicht, so bedeutet dies, dass Du auf etwas wartest. Mein lieber Freund, das funktioniert so nicht. Da kannst Du ewig warten (...)

Glück ist entweder jetzt oder nie. Das Glück von jetzt lässt sich nun ´mal nicht morgen erleben und das Glück von morgen, das kommt... morgen... morgen... morgen.

Der erste Schritt
Der erste Schritt zum Glücklich-Sein ist es, zu erkennen, dass Du eigentlich unglücklich bist.

Der zweite Schritt
Der zweite Schritt zum Glücklich-Sein ist, Dein Unglücklich-Sein wertzuschätzen.

Der dritte Schritt
Der dritte Schritt zum Glücklich-Sein ist es, Dir zu erlauben, das Unglücklich-Sein zu fühlen.

Der vierte Schritt
Der vierte Schritt geschieht dann von selbst. Du wirst es wissen, wenn Du es erfahren hast.

Nun, eigentlich ist damit zum Thema alles gesagt. Die Essenz ist wohl klar und deutlich in meinen Worten enthalten. Solltest Du an ihnen zweifeln, dann stell Dir folgende Fragen:

- Was sind die Gründe dafür, dass ich nicht glücklich bin?
- Wen mache ich im Augenblick verantwortlich für meine Situation?
- Wer oder was bestimmt gerade, ob ich glücklich bin oder nicht?

Deine Antworten werden für sich sprechen, wenn Du ehrlich bist. Zum Schluss frage Dich:

- **Bin es wirklich ganz alleine ich, der bestimmt, wie ich mich fühle?**

Tief im Herzen wissen wir es doch alle. Wir alle kennen die göttliche Weisheit, welche im Zentrum unserer Liebe wohnt. Die Frage ist bloß: Lassen wir diese auch zu? Erlauben wir dieser Weisheit, das Ruder oder Steuer unseres Lebensschiffes zu übernehmen oder nicht? Wovor fürchten wir uns? Weshalb können wir die Kontrolle nicht einfach abgeben? Weshalb klammern wir uns so an diese scheinbare Macht, welche vorgibt, das Leben im Griff zu haben? Wie viel Sinn macht dies überhaupt, wenn wir am Ende sehen, dass doch alle mehr oder weniger in einer Art des Unglücklich-Seins enden?

Glück liegt jenseits des vom Verstand kontrollierbaren Bereiches! Jenseits der Machbarkeit eines Egos und weit, weit, weit jenseits aller äußeren Dinge!

Glück ist ja so leicht zu finden

Glück ist überall, wo Sein ist. Sein ist überall, wo Glück ist. Glück und Sein sind überall, wo Liebe ist. Liebe ist immer da, wo Du sie sehen willst! Glück kommt nicht und es geht nicht, es ist allgegenwärtig! Nimm es oder lass es sein, sei glücklich oder nicht. Genieße Dich oder genieße Dich nicht, aus welchen Gründen auch immer. Dein Verstand wird immer Gründe finden, um nicht glücklich Sein zu müssen. Warum? Weil ein solcher Seinszustand dem Ego sämtliche Macht entzieht. Glück ist vergleichbar mit Gott, Du kannst es nicht ergreifen, Du kannst es nicht steuern, Du kannst es nicht gewinnen und auch nicht verlieren, aber Du kannst Dich von ihm ergreifen lassen, Dich von ihm lenken lassen und durch es zum Gewinner werden. Du kannst nichts mit ihm tun, es kann jedoch alles mit Dir machen. Hast Du den Mut Dich ihm hinzugeben? Hast Du den Mut glücklich zu Sein? Nur feige, ängstliche Menschen sind unglücklich. Die mutigen waren immer glücklich, weil sie vertraut haben. Vertraust Du? Vertraust Du Gott? Vertraust Du der Liebe? Vertraust Du dem Sein?

Dies alles sind Fragen, welche in der einen und alles entscheidenden Frage liegen: Vertraust Du Dir selbst? Ja, denn nur, wer sich selbst vertraut, besitzt auch den Mut dem Leben zu vertrauen!

Also müsste die eigentliche Frage lauten: Weshalb vertraust Du Dir selbst nicht? Bestimmt gibt es viele Gründe dafür, Du selbst kennst Deine Schwächen ja am besten. Aber welchen Grund gäbe es, diese nicht zu ändern? Alle darauf folgenden Antworten weisen auf Ängste hin. Und es sind immer dieselben Ängste: Wovon soll ich leben? Verliere ich meine Freunde? Werde ich dann vielleicht nicht mehr geliebt? Wird dadurch nicht alles viel schwieriger? Werde ich das überhaupt schaffen? Könnte ich nicht dies oder jenes dadurch verlieren? Ja, alles Verlustängste! Aber mal ehrlich, was hast Du schon zu verlieren? Nichts, wenn Du wüsstest, was Du dadurch alles gewinnen könntest! Nun, willst Du weiterhin auf der Seite der Verlierer stehen oder zu den Glücklichen gehören? Du willst den Mut aufbringen durch Deine Ängste hindurchzugehen und den Schritt trotzdem wagen?! Die Angst, mein Freund, gehört dazu. Mutig bist Du dann, wenn Du den Mut hast die Angst zu fühlen. Und nur so kannst Du das Glück erleben, wie es ist, wenn Angst sich einfach auflöst. Es ist wundervoll!

Angst zu haben – ist kein Problem, das Problem ist unsere Feigheit: Die Angst vor der Angst. Wenn Du also ´mal etwas echt Mutiges tun willst, nicht nur scheinbar Mutiges, dann gehe den nächsten Schritt voran! Schau nicht zurück, sonst bleibst Du zurück, überlege nicht, sonst wirst Du unterliegen, tue es einfach: Jetzt.

Weißt Du, in meinen Augen gibt es keinen Grund, weshalb es nicht in Ordnung wäre, dass Du einfach authentisch Du selbst bist. Jetzt will ich Dir etwas verraten: Es gibt da eine Bruderschaft (da sind übrigens auch Frauen dabei), Du kennst sie vielleicht unter dem Namen: „Eingeweihte". Aber wer oder was sind denn das für Menschen, die Einlass in so eine Gemeinschaft erhalten? Es sind Menschen wie Du und ich. Sie haben sich lediglich dazu überwunden, sie selbst zu sein, nicht mehr und nicht weniger. Fühle Dich eingeladen, jederzeit. Die Tore sind weit geöffnet, tritt ein.

Schweigen – Der Free Spirit dazwischen

Wer mein Schweigen nicht versteht, der versteht auch nicht, was ich zu sagen habe.

Warum ist Schweigen eigentlich Gold? Was bedeutet es, wenn ich sage, dass man zwischen den Zeilen lesen sollte? Weshalb liegt in der Stille die Kraft? Wieso ist die Stille heilig? Sind es wirklich unsere stillsten Momente, wo Großartiges geschieht und nicht unsere lautesten?

Sich solche Fragen zu stellen, macht durchaus Sinn. Vor allem dann, wenn man sich mit gewissen Bewusstseinszuständen beschäftigt. Es ist nämlich in der Tat so, dass, sobald wir vereinigt mit der Essenz, dem Ursprung allen Seins, in göttlicher Einheit verweilen, es ganz still in uns wird. Jenseits der Zeit, jenseits der Illusion, jenseits des Verstandes, jenseits aller Emotionen begegnen wir ganz automatisch der ewigen Stille des Seins.

So, wie Weiß entsteht, wenn wir alle Grundfarben miteinander vermischen, entsteht Stille in der Verschmelzung aller Geräusche, in der Verschmelzung aller Bilder, in der Verschmelzung aller Realitäten und Wahrheiten, in der Verschmelzung aller Gedanken, Gefühle und Handlungen. Es geschieht eine *mystische Vereinigung*, die einzig wahre und erstrebenswerte *Hochzeit*. Sie vereinigt nicht bloß zwei Menschen, sondern alle Gegensätzlichkeiten. Es ist die Einheit Gottes, in der wir uns dann befinden, die ewige und untrennbare Stille des Seins. In diesen Zustand eingetaucht, lassen sich die Worte erfahren und verstehen: Was Gott zusammengefügt hat, soll der Mensch nicht trennen...

Jenseits der Stille befindet sich das Chaos

Den folgenden Text zu lesen ist einfach. Zumindest solange, wie sich immer wieder Stille dazwischen befindet. Es ist die Stille, die alles vereinfacht, der Raum, der dadurch entsteht, macht alles leicht verständlich. Entfernt man den ‚Raum der Stille' zwischen den Wörtern und Buchstaben, so verschwindet auch deren Aussage mehr und mehr. Zuerst würde es so aussehen:

Allesaneinandergeschriebeneistschwerzuentzif-
fern.Mankanndannschonfrohsein,wennsicheinigeSatzzeichen,welcheei
nenscheinbarenRaumkreierenundeinigeGroßbuchstabendieAnfangun-
dEndesymbolisieren,dasind.

Entfernen wir nun auch noch den ‚Raum der Stille' zwischen den Buchstaben und der Umgebung, so würde das oben gerade noch mühsam Entzifferbare etwa so aussehen:

Ja, da wird verständlich, weshalb die meisten Menschen das Leben als kompliziertes Mysterium erfahren. Sie haben keine Stille mehr in sich und den Zugang dazu haben sie sich durch wissenschaftliches oder allzu materielles Denken verbaut. Dabei ist es so einfach! Einmal in dieser stillen Präsenz angekommen, sind nämlich nicht nur gleich alle Fragen, die man sich stellen könnte, beantwortet, sondern es löst sich noch viel einfacher: Alle Fragen sind mit einem Schlag verschwunden.

Dies scheint den meisten Menschen auf den ersten Blick zwar nicht erstrebenswert, wer diesen Zustand aber kennt, der weiß um seine absolute Glückseligkeit. Alles ist, was es ist jenseits aller Ideen, Vorstellungen und Wahrnehmung dessen, was sein könnte.

Jede Symphonie wäre nur Lärm, ohne die Stille dazwischen.

Schweigen ist nicht gleich Schweigen

Ich unterscheide himmlisches und irdisches Schweigen. Man kann sich in Schweigen hüllen um sich abzugrenzen oder/und Geheimnisse zu wahren, oder auch um in Stille und Wertschätzung zu Sein, ohne sich von anderen zu trennen und ohne etwas zu verheimlichen. Ersteres fühlt sich künstlich an, Zweiteres repräsentiert eine wunderbare stille Gegenwärtigkeit jenseits des Verstandes. Es ist Stille in uns, bis tief in unser Herz hinein. Keine Gedanken, keine Emotionen, keine Unruhe, keine Zweifel, keine Unsicherheiten, keine Scham, keine Urteile, keine Trennung. Es ist ein Zustand vollkommener Klarheit. Beides könnte auf den ersten Blick gleich erscheinen und vermag zu beeindrucken. Aber echte Stille, echtes Schweigen macht sich in einem wundervoll sanften, wie auch gleichermaßen starken Energiefluss deutlich. Erst ein Mensch, der sich in Gott, in dieser Stille befindet, ruht in sich selbst.

Liebe und Frieden sind Raum und Stille

In dieser Stille, in diesem Raum der Andacht sind Liebe und Frieden beheimatet. Wer wahre Liebe erstrebt, der kann diese in der Stille seines eigenen Innern finden. Nicht umsonst können Liebende stundenlang schweigend nebeneinander sitzen oder hergehen und so glücklich Sein. Dies sollte man jedoch nicht mit dem abgelöschten Schweigen zweier Menschen, welche sich nichts mehr zu sagen haben, verwechseln. Sie sind tot, ihre Liebe ist erkaltet. Warum?

Weil sie die Liebe im anderen gesucht haben, anstatt in sich selbst. Genau so verhält es sich mit dem wahren Frieden. Er ist nicht im Außen, in politischen Verhandlungen oder in Entwicklungshilfe zu finden. Er kommt nicht von außen, sondern ebenfalls von innen. Aus der Tiefe des Herzens, welches voll von dieser göttlichen Stille, diesem himmlischen Schweigen ist.

Der Himmel hängt voller Geigen

So drückten es zumindest einige erfahrene Menschen aus. Doch auch hier gilt: Es gibt irdische und himmlische Geigen, irdische und himmlische Musik. Ich meine jetzt jedoch mit irdischer Musik nicht jene, die wir im Radio hören können, sondern jene, welche sich der Mensch selbst ‚vorspielt', dann, wenn er verliebt ist. Die himmlische Musik ertönt schweigend. Sie ist Teil dieser ewigen Stille.

Die viel gewünschte, ewige Ruhe findet sich nicht im Tod, sondern durchaus schon zu Lebzeiten, in der Stille des Herzens. Dahin wollen wir die Menschen begleiten, denn es ist ihre wahre Heimat. Ja, auch der Mensch ist aus dieser Stille hervorgegangen und dorthin darf er zurückkehren. Jeder, der diesen Bewusstseinszustand erlebt hat, spricht von dieser Musik. Sie ist sozusagen der Klang der Stille, die reine Musik des Seins: Unhörbar und doch nicht unexistent. Genau so, wie Gott selbst unsichtbar, aber dennoch stets gegenwärtig ist.

Im Schweigen schalten sich die Gehirne auf Gleichklang, auf Gleichschwingung

Sobald zwischen zwei Menschen Disharmonie herrscht, schwingen ihre Gehirne in unterschiedlichen Frequenzen. Sie schwingen quasi aneinander vorbei, wodurch ein Konsens nie wirklich zustande kommen kann. Meist versucht man diesen Konsens mit Worten herzustellen. Einigung wird jedoch nur scheinbar erreicht und es bleibt beiden nichts anderes übrig, als die Unterschiedlichkeit der Standpunkte für sich selbst zu integrieren. Gelingt dies dem Einzelnen nicht, ist im besten Falle eine Scheinharmonie möglich. Diese jedoch zerbricht bei der nächstmöglichen Gelegenheit. Inneres Ruhig-sein, liebevolles und nicht-urteilendes Schweigen kann in solchen Momenten die Gleichschwingung der Gehirne wieder herbeiführen. Dies wurde auch wissenschaftlich hinlänglich untersucht und bewiesen. Ein harmonisches Miteinander-Gefühl basiert also nicht auf Sympathie oder Liebe, sondern auf Gleichschwingung. Dieses Auf-gleicher-Ebene-schwingen hat also mehr damit zu tun, ob wir dieselben Standpunkte einnehmen, als damit ob uns der andere äußerlich gefällt. Gleiche Interessen verbinden, gleiche Ideen und Ansichten vereinen uns. Darüber können auch die schönsten Äußerlichkeiten nicht hinweg täuschen.

Jeder kennt das. Das ist es, was wir allgemein als innere Verbundenheit bezeichnen. Jemandes Meinung, Standpunkte oder Ansichten zu verändern ist wohl ein schwieriges Unterfangen, wenn es freiwillig geschehen soll. Es gibt jedoch ein probates Mittel: Jeder möge seine eigenen Erfahrungen machen! Und sollte er aus seinen Erfahrungen gelernt haben – so wie auch wir selbst – dann werden wir uns eines schönen Tages alle auf derselben Ebene befinden. Dann wird Friede sein, dann kehrt die Stille, nach der wir uns so lange Zeit gesehnt haben, wieder zurück und alles wird – so wie es Ist – gut sein.

Dann wird eine universelle Sprache, die ‚Sprache-aller-Sprachen', wieder Einzug halten...: Das Schweigen der Seele, die stillen Worte des Ursprungs allen Seins, Wertschätzung, Liebe und ein höchstes Maß an gegenseitigem Mitgefühl.

Willkommen im Free Spirit!
So, und weil Du es offenbar mit Lesen bis hierher geschafft hast, mute ich Dir nun noch einen sehr herausfordernden Text über Beziehungen zu. Ich will mir damit jedoch nicht Deine Sympathie verscherzen. Deshalb bitte ich Dich, den Text so neutral wie möglich zu lesen, sonst wirst Du Dir doch noch ein falsches Bild von mir machen und das wäre äußerst schade.

FREE SPIRIT
FREESPIRITINFO.COM

Verliebtheit oder Liebe - Die Zeit wird es zeigen !

Eine nicht unkritische Betrachtung über Beziehungen, Liebe und Freiheit

Der Text erhebt keinen Anspruch auf Vollständigkeit.

Lass mich mit einer Geschichte beginnen, die man sich erzählt:

Jesus stand gerade vor dem Spiegel und bewunderte seine Schönheit, sein wallendes Haar, seine zarte Haut und seine großen, schönen Augen. Da trat seine Mutter, Maria, in sein Zimmer und sagte: „Jesus, wie schön Du doch bist! Es wäre doch an der Zeit... sag mal, willst Du nicht langsam ans Heiraten denken?" Jesus blickte erstaunt zu Maria rüber und antwortete: „Aber Mutter, denkst Du, ich bin wahnsinnig? Lieber würde ich mich kreuzigen lassen (...)."

Freiheit und Liebe, das geht. Freiheit und Beziehung, das wird schon etwas schwieriger. Viele Menschen vergessen, dass Liebe geben will. Liebe will nicht haben, Liebe will nicht etwas bekommen, Liebe will nicht wissen, sondern Liebe will sich verschenken, bedingungslos. Sie erwartet nichts und gibt alles. Nur so kann Liebe frei sein und nur so kann Liebe das sein, was sie ist. Die Liebe ist wie eine Sonne, sie fragt nicht und sie verlangt nicht nach Antworten, sie strahlt einfach. Ob Du ein ‚guter' oder ‚schlechter' Mensch bist, interessiert die Liebe nicht. Ob die Sonne auch Dein Licht zurückgestrahlt bekommt oder nicht, ist ihr einerlei. Sie leuchtet unbeeinflusst dessen, ob auch Du strahlst oder nicht. Sie stellt keine Bedingungen und erwärmt mit ihrem Liebesfeuer Jung und Alt, Mensch und Tier und Natur, Heilige und Verbrecher gleichermaßen. Ja, die Sonne ist wirklich göttlich. Die bedingungslose Liebe ist himmlisch-göttlich!

Liebe braucht keinen Verstand, jedenfalls nicht, solange sie keine Unterschiede macht, keine Bedingungen setzt und kein anderes Verlangen besitzt, als sich zu verschenken. Und nur dann ist es Liebe. Dies mag Dir verdeutlichen, wie unbegrenzt und groß Liebe in Wirklichkeit ist. Sie ist nicht das, was Du normalerweise unter Liebe verstehst.

Nein, wahre Liebe ist etwas derart Großes und Weites, dass sie mit dem Verstand unmöglich zu fassen ist. Wahre Liebe ist wie ein Vogel, sie wird nicht glücklich in einem Käfig, selbst dann nicht, wenn die Gitterstäbe aus purem Gold sein sollten.

Liebe und Freiheit sind Synonyme

Liebe und Freiheit sind Synonyme. Beide Begriffe vereint wurden einst Free Spirit genannt! *Free* heißt frei und *Spirit* heißt Geist – aber eigentlich: Liebe. Die Sonne ist ebenfalls ein Synonym, ein Sinnbild für den Free Spirit. Die Strahlen, welche sich im gesamten Universum ausbreiten, symbolisieren die Freiheit und das Licht selbst steht für die Liebe, also für den Geist. Ja, letztlich ist die ganze Existenz, unser aller Leben, das Leben an und für sich, Ausdruck des Free Spirit. Dieser hat nur ein einziges Bedürfnis: zu leben. Egal wo, wie oder mit wem, Hauptsache leben! Eben, wie die Liebe oder die Sonne oder der Wind, das Feuer, die Elemente. Es geht immer darum zu Sein, nicht zu haben. Die gesamte Schöpfung lebt uns also vor, was Liebe ist.

Und was haben wir daraus gemacht?
Die Menschen haben daraus Kopien gemacht. Anstatt zu lieben, sind sie verliebt, anstatt zu strahlen, scheinen sie, anstatt Licht zu Sein, zünden sie Glühbirnen an und diese sind dann immer abhängig von einer Stromzufuhr. Anstatt den anderen zu lieben, geben wir vor zu lieben; wir lassen nicht frei, unterstützen Freiheit nicht, sondern versuchen zu begrenzen. Wir begrenzen seine oder ihre Liebe, seine oder ihre Freiheit, sein oder ihr Leben... Natürlich würden wir dies niemals zugeben, aber es ist so. Und, das Schwierigste an meinen Worten ist, dass Du es wohl ebenso tust! Und noch schlimmer daran, dass Du damit nicht bloß den anderen begrenzt, sondern auch Dich selbst. Ja, Du zerstörst damit Deine Liebes- und Lebensfähigkeit! Damit korrumpierst Du Dein wahres Wesen, Dein Sein, Dein Licht, Dein Strahlen, Deine Freiheit und Dein Lebendig-Sein.

Die Liebe kennt keine Treue!

Ja, auch diese Illusion muss ich Dir leider zerstören. Treue in landläufigem Sinn ist eine Angelegenheit des Verstandes, nicht des Herzens. Ich sage nicht, dass treu sein falsch ist, oder dass es das nicht gäbe, ich sage bloß, dass es nichts mit Liebe zu tun hat! Das ist ein wesentlicher Unterschied und ich hoffe sehr, dass Du ihn auch bemerkst. Die Treue wurde von unserem Verstand erfunden, damit wir uns nicht mit unseren Ängsten auseinandersetzen müssen. Aber die Liebe hat keine Angst vor Verlust, keine Angst vor Konkurrenz, keine Angst vor Schmerz, keine Angst vor Verlassen werden und sie hat kein Bedürfnis nach Kontrolle, nach Vergleichen, nach Besitz, nach Festhalten, nach Einzigartigkeit, nach Verstehen oder nach Wissen.

Liebe Ist. Verstand will. Etwas zu wollen, steht der Liebe immer im Weg, es sei denn, es ist ein sich verschenken wollen. Liebe beansprucht nichts anderes für sich, als den Raum sich auszudehnen zu dürfen. Sobald man versucht die Liebe in ihrer Ursprünglichkeit zu begrenzen, wird es gefährlich! Der Verstand kann die Liebe schon eine gewisse Zeit unter Druck setzen und kontrollieren, aber dadurch verschließt er diesen lebenswichtigen Raum. Und stell Dir ´mal vor, was passiert, wenn man die Sonne in einen Raum einsperren würde? Das Gefängnis, in welches die Menschen die Liebe einsperren wollen, ist sehr, sehr klein... Die Sonne (die Liebe) wird dieses Gefängnis in kürzester Zeit eingeäschert haben, Schluss, aus und vorbei. Jede menschliche Liebesbeziehung, welche begrenzt ist oder begrenzen möchte, ist in kürzester Zeit zerstört.

Treue

Um der Treue - vom Standpunkt der Liebe - doch noch zu ihren ‚Recht' zu verhelfen, sei auf deren vollkommen andere Sicht verwiesen. Es ist dies die Treue, welche Du in Deinem eigenen Herzen findest: Das Urbild des anderen Menschen, so wie Du es fühlst, selbst dann wertgeschätzt im Herzen tragen zu wollen, wenn das äußere Leben es zu verblassen droht, wenn es scheinbar verdunkelt. Das allein ist Treue - vom Standpunkt der Liebe aus betrachtet. (Anmerkung des Lektors)

Und plötzlich geschieht es...

Da treffen sich zwei Seelen. Beide sind weit und offen. Sie sind unbegrenzt und lieben sich. Das Einzige, was sie wollen, ist Zeit miteinander verbringen, ihre Zeit miteinander teilen, ihre Seele, ihre Liebe. Keine stellt Fragen, keine stellt Bedingungen, keine verlangt. Beide möchten einfach nur geben. Sie möchten ihre Liebe verschenken, dem anderen ihr Herz und die Schönheit ihrer Seele zeigen, mehr nicht. Sie lieben sich. Sie treffen sich, gehen aus, essen gemeinsam und haben, früher oder später, auch wundervollen Sex miteinander. Du wolltest sie oder ihn haben und jetzt hast Du sie oder ihn. So weit, so gut. Doch dann geschieht es! Plötzlich kommt die Angst.

Die Angst flüstert, zunächst ganz leise und dezent, Folgendes oder Ähnliches in Dein Ohr: „Ich will sie/ihn für mich alleine." Ab sofort ist es nicht mehr bloß schön, wenn man sich sieht, sondern auch mühsam, wenn man sich nicht sieht. Jetzt aber ist es nicht mehr so sehr die Sehnsucht aus Liebe, sondern die Eifersucht aus Angst. Das Gefühl der Unwissenheit. Das Gefühl nicht zu wissen, was der andere tut, wenn ich nicht da bin. Oje, was mach´ ich denn bloß dagegen?

Sie fragen ja nun nicht, was sie für die Liebe tun können, nein sie fragen sich, was sie gegen die Unsicherheit machen könnten. Das ist schon fatal genug, aber jetzt geht es erst richtig los. Nur eines bleibt übrig: Kontrolle. Ja, wie kann ich das kontrollieren?! Nun beginnt der interne Secret Service (CIA) aktiv zu werden. Es ist wohl eher ein Innerer Sekret Service (ISS). Hormone übernehmen die Kontrolle über Gehirn, Körper und Gefühl. Die eigene Freiheit ist zumindest schon ´mal dahin. Der oder die Arme ist nun nicht ´mal mehr in der Lage, seine/ihre eigenen Gedanken zu kontrollieren. Das Gehirn ist völlig ausgelastet mit dem Entwickeln von Strategien und die gesamte Aufmerksamkeit ist darauf gerichtet, alles, was der andere sagt, misszuinterpretieren oder Dinge zu suchen, die gar nicht existieren.

Dann kommt die zündende Idee...

Ja, dann kommt die zündende Idee. Ich muss einfach mehr mit ihr bzw. ihm zusammen sein, am besten viel mehr, am allerbesten immer. Nun werden Angebote unterbreitet wie: Ach mein Liebes, mein Lieber ich kann einfach nicht ohne Dich sein... meine Liebe zu Dir ist so groß... ich brauche Dich, wie die Luft zum Atmen... und Ähnliches (...). Es klingt zwar nach Liebe, o.k. ein bisschen übertrieben vielleicht, aber es wird grundsätzlich von allen gerne gehört und ist somit immer als gutes, alt bewährtes Manipulationsmittel tauglich. Und schon bald, nach einiger Zeit gemütlicher Zweisamkeit beginnen die allseits beliebten Fragen, wie: „Wie war's?“, „Wo warst Du?“, „Mit wem denn so?“, „Wie lange?“, usw. Bis zum ultimativen „WARUM?“ Ab sofort gilt es, bei jedem Gespräch aufzupassen, was man sagt und auf der gegenüberliegenden Seite darum, wie man seinem Partner, seiner Partnerin alle Details entlocken kann. Das freie und herzlich offene Zusammensein ist eng und ungemütlich geworden. Wenn Du schweigst, wird Dir vorgeworfen, dass Du etwas zu verbergen hättest. Oder Du wirfst es dem anderen vor, je nachdem, auf welcher Seite Du Dich gerade befindest. Wenn diese Krankheit beide betrifft, dann wird es an dieser Stelle nicht selten gewalttätig. Doch dies soll ja kein Kriminalroman sein... Wir reden ja schließlich von zivilisierten Menschen, oder?! Na ja, aber doch - etwas dezenter sind wir jedenfalls - mittlerweile. Wenn jetzt nur eine, einer von beiden schon ´mal beginnt, sich diesem Free Spirit in ihm, in ihr selbst zu öffnen, dann...

Zurück zum Alltag...

Nun aber zurück zum Alltag... Also, wie war das noch mal? Die Sonne Deines Herzens will strahlen, der Duft Deiner Liebe sich verbreiten, ja es ist ein tiefes inneres Verlangen in Dir, das was Du bist, mit der Welt zu teilen. Das zu tun, was Dich bei Deinem, Deiner Geliebten so liebenswert und begehrenswert, so wertvoll gemacht hat.

Zuerst hat man sich in genau das verliebt, nur um es danach mit allen Mitteln zu verhindern zu versuchen. Wenn das nicht verrückt ist...?! Zuerst liebt man es und wenn es einem scheinbar gehört, dann will man es nicht mehr. Darüber gibt es einige Kinderlieder. Bei uns heißt es: Der Hans im Schneckenloch... hat alles, was er will... doch was er hat, das will er nicht und...

Die Angst will besitzen und auf keinen Fall teilen. Die Angst glaubt immer zu kurz zu kommen, sie erlebt nie die Fülle. Die Angst fürchtet sich davor, mit anderen verglichen zu werden oder auf gleicher Stufe zu stehen, sie fürchtet, sofern sie nicht über besondere Privilegien verfügen kann, nicht genug geliebt zu werden. Und um diesem allen vorzubeugen, verlangt sie – die Angst – ständig nach Liebesbeweisen und gleichzeitig nach deren Gegenteil. Und sie wird, früher oder später, tatsächlich fündig. Leider kann man mit den Augen der Angst nur das Gegenteil der Liebe finden... Nur die Liebe selbst findet überall Liebe! Wir dürfen in einer Beziehung also niemals den Blick der Liebe verlieren, ihn niemals der Angst preisgeben. Hat die Angst erst einmal ein kleines Stück Territorium in uns erobert, so breitet sie sich aus wie eine Seuche. Angst ist die schlimmste, wenn nicht sogar einzige Krankheit, von der man befallen werden kann. Wie weit ist sie bei Dir schon fortgeschritten? Entschuldige bitte die Frage, aber wenn Du ihr frühzeitig begegnest, dann ist Heilung viel schmerzloser möglich.

Ich bin nicht gegen Beziehungen...

Ich bin nicht gegen Beziehungen an und für sich, sondern nur gegen goldene oder schlimmere Käfige. Ich bin für Freiheit, für Freiraum, auch innerhalb einer Beziehung, mehr nicht. Ich sage auch nicht, dass jeder einfach so, ganz rücksichtslos, tun soll, wonach ihn gerade gelüstet sondern, dass er es tun könnte und dürfte, wenn er wollte. Jeder muss in einer intakten Beziehung die Möglichkeit haben, all jene Erfahrungen machen zu dürfen, die er möchte. Ohne Vorwürfe. Wer ist denn mein Partner oder meine Partnerin, dass er oder sie mir oder ich ihm, ihr verbiete, sich so auszudrücken und sich im Leben so auszuprobieren, wie das jeder gerade für sich tun möchte? Und, ich beziehe dies durchaus nicht bloß auf die Sexualität! Obwohl bei Treue alle nur daran denken... Treue ist – wie bereits angesprochen – weit mehr als bloß mit niemandem anderen außer seinem Partner, seiner Partnerin seine Sexualität zu leben. Viel mehr! Treue meint zunächst ja: Ehrlichkeit und Treue sich selbst, seinem Herzen, gegenüber. Und nur dort kann angesetzt werden.

Jemand kann ein ganzes Leben lang ‚fremd-gehen', und – so gesehen – trotzdem treu sein. Umgekehrt kann auch ein Asket, der keinerlei sexuelle Kontakte pflegt, untreuer sein als eine Prostituierte. Jesus hat ja wohl nicht umsonst Maria Magdalena als einzige Jüngerin (oder gar Freundin?) ausgewählt. Vielleicht war sie die treuste unter allen... hm...?

Gottes ‚Trick' um ewig geliebt zu werden...

Vielleicht sollten wir uns von *Gott* oder – wie ich es nenne – dem *Free Spirit* zeigen lassen, was uns die ‚Garantie' auf ewige *Liebe* verschaffen kann. Ich habe es beobachtet und genau studiert und, ich bin zum Schluss gekommen, dass wir es auf dieselbe Art und Weise vollbringen könn(t)en.

- Gott lässt sich nicht besitzen, Ansprüche auf sich erheben oder befehlen. Und er macht keine Kompromisse.
- Der Free Spirit verschenkt sich immer nur ganz oder gar nicht.
- Er ist immer ehrlich und fürchtet keine Reaktionen von uns.
- Er verwirklicht sich selbst in allem, was er Ist.
- Er verpflichtet sich zu nichts.
- Er trägt die volle Verantwortung für sich und seine Schöpfung.
- Er stellt keine Bedingungen.
- Er lässt sich nie ganz ergreifen, aber wir können uns von ihm ergreifen lassen.
- Er hält an nichts und niemandem fest, außer an sich selbst vielleicht.
- Gott ist immer authentisch.

Wenn wir die, von mir aufgezählten Punkte in unser Leben, in unsere Beziehungen – seien sie nun privater oder geschäftlicher Natur – umsetzen, dann ist Erfolg garantiert. Dann ist es wieder so wie zu Beginn einer jeden Beziehung. Man freut sich einfach so den anderen zu sehen und das, was man Ist, mit ihm zu teilen, dass man gar nichts erwartet – und noch weniger befürchtet. Man will nichts und bekommt alles! Die meisten aber, welche in Angst leben, wollen alles und bekommen nichts.

Ich weiß sehr wohl, dass ich die Grundfesten jeglicher gesellschaftlicher und moralischer Beziehungsindoktrination (-doktrin) damit erschüttere... Aber einer muss es tun, liebe Freunde, liebe Freundinnen! Einer muss sich trauen zu sagen, dass die vergangene Methode nicht funktioniert.

Viele Millionen Menschen haben es schon mit Kompromissen versucht, sich mit Ehre und Moral über die Runden geholfen, sich gequält, beschnitten, unterdrückt und eingesperrt... Wir kennen das alle, aber wahrhaft glücklich sind dabei nur die Allerwenigsten geworden, wenn überhaupt...

Und ich weiß genauso gut wie Du, weshalb die meisten sich eine solche Lebensweise nicht zu leben getrauen. Teilen ist ja gut und recht – sagen sie – aber... Meinen Partner mit jemand anderem teilen? Nein! Ich *für mich* schon, ich teile mich schon gerne mit jemand anderem, aber das ist etwas anderes... da ist kein Gefühl dabei – sagen sie. Was, mein Geld teilen? Die anderen *mit mir* schon, das ist gut, aber ich... ich mit den anderen? Nein, dafür habe ich selbst zu wenig! Und so ist es nicht nur mit dem Bett und dem Geld, sondern auch mit allem anderen. Sie können einfach nicht wirklich begreifen, dass sich alles, was man teilt, vermehrt. Was man festhält, vermindert sich so lange, bis nichts mehr davon übrig ist. Hallo Menschheit... wach auf...! Die Zeiten des Ego-Ichs sind bald vorbei, seine Tage sind gezählt... Das Ich kann nur existieren und wahrhaft glücklich werden, wenn es das Du mit einbezieht. Aus der Verschmelzung von Ich und Du wird WIR. Aus dem vielaspektigen WIR wird Einheit und aus der Einheit wird das Eins-Sein entstehen. Das ist das Ziel einer jeden Beziehung, sei es unter Menschen oder in Beziehung zum Free Spirit. Solange noch Trennung besteht, leben wir in Illusion und solange wir in Illusion leben, erfahren wir Schmerz und solange wir Schmerzen erfahren, leiden wir und solange wir leiden, suchen wir... Das ist gut so. Wer aber zur Suche wird, der wird süchtig, süchtig nach allem, was er vermeiden möchte zu erfahren. Macht euch auf – zu finden. seid bereit zu finden – lasst euch finden...!

Liebe ohne innere Freiheit ist nicht möglich,
innere Freiheit ohne Liebe genauso wenig.

Möglicherweise klingt dies im ersten Moment ‚einigermaßen' verwirrend. Doch Du hast grundsätzlich immer zwei Möglichkeiten: Du kannst als Opfer oder als Schöpfer leben, innerhalb und außerhalb von Beziehungen. Wenn Du das schöpferische Sein bevorzugst, dann ist es Zeit für Dich, Zeit für FREE SPIRIT.

Liebe oder Verliebtheit ? - Die Zeit wird es zeigen !

Bruno beantwortet persönliche Fragen

Frage:
Bruno, bist Du ein Meister?

Antwort:
Manche sagen ‚ja', andere behaupten ‚nein'. Ich selbst lege auf solche Kategorien keinen Wert und frage mich eher, wie lange wir dieses Meister-Schüler Spiel überhaupt noch spielen wollen?! Manchmal antworte ich, der Einfachheit halber auch, ich sei Meister und Schüler zugleich. In gewisser Weise stimmt das auch. Genau genommen bin und war ich jedoch weder das eine, noch das andere. Die Menschen suchen immer jemanden, von dem sie sich abhängig machen und dem sie sich unterordnen können.

Dieses Spiel jedoch bedeutet mir nichts. Ich spiele es nicht mit und werde alle enttäuschen. Sowohl jene, welche mich für einen Meister, wie auch jene, welche mich für einen Schüler halten. Wir sind doch, im Grunde des Seins, alle gleich. Ich lasse mich jedenfalls weder zum Meister ‚befördern', noch zum Schüler ‚degradieren'. Ich bin einfach der ich bin.

Frage:
Aber manchmal, wenn ich krank bin und Dich um Hilfe bitte, werde ich gesund. Wie machst du das, wenn Du kein Meister bist? Offensichtlich kannst Du Dinge bewirken, zu welchen andere nicht in der Lage sind?

Antwort:
Mein Freund – ich bewirke gar nichts. Es ist einzig Dein Glaube, Deine innere Bereitschaft, geheilt zu werden, die heilt. Ich tue nichts. Ich folge dem Beispiel aller Erleuchteten, welche gesagt haben: „Dir geschieht nach Deinem Glauben." Ich bestätige bloß das, was die Menschen glauben. Genau genommen bin ich nicht einmal da. Ich existiere nicht. Mich gibt es bloß in Deinem Traum. Der aber scheint ziemlich realistisch zu sein, nicht wahr?

Frage:
Wenn es Dich nicht gibt, warum gibt es dann mich?

Antwort:
Habe ich behauptet, dass es Dich gibt?

Frage:
Wie soll ich das verstehen? Kannst Du mir das erklären?

Antwort:
Nein, das kann ich Dir nicht erklären, es wäre zu abstrakt, Du würdest mir nicht glauben können. Frage mich, was immer Du willst, aber bitte mich nicht, Dir die Wahrheit zu sagen.

Frage:
Wieso willst Du mir nicht die Wahrheit sagen?

Antwort:
He, ich sagte nicht, dass ich Dir nicht die Wahrheit sagen möchte, aber es ist nicht möglich von ihr zu sprechen. Du kannst sie in Deinem Herzen erfahren, die Wahrheit. Dorthin kann ich Dich begleiten, wenn Du willst. Doch den Verstand wirst Du dabei zurücklassen müssen. Er wird uns dabei nicht folgen können.

Frage:
Den Verstand zurücklassen, weshalb?

Antwort:
Weil er verrückt werden würde. Er könnte die Größe des Herzens nicht verkraften, die Weite des Universums nicht verstehen und die Herrlichkeit der Schöpfung nicht verdauen. Er würde schlicht wahnsinnig werden.

Aber, Du kannst die Wahrheit fühlen, Du kannst in sie eintauchen, sie erfahren. Aber Du wirst nicht von ihr sprechen können. Wenn Du sie anderen Menschen vermitteln möchtest, dann musst Du sie leben. Wenn Du die Wahrheit lebst, dann werden sie es spüren. Sie werden das Licht der Weisheit in Dir wahrnehmen und dann... dann werden sie früher oder später vermutlich sagen, dass Du sie geheilt, dass Du ihnen geholfen hast und Deine Antwort wird sein: „Ich?! Ich habe gar nichts getan."

Frage:
Wozu hast Du das FREE SPIRIT-Training ins Leben gerufen?

Antwort:
Wenn ich FREE SPIRIT ins Leben gerufen hätte, so würde es keiner bemerken. So, wie das Leben an den meisten vorbei geht, würden sie auch an FREE SPIRIT vorbei gehen. Ich habe das Training in die Realität hineingeboren, damit die Menschen erwachen. FREE SPIRIT ist ein Wecker, ein stiller Wecker, ein Rufer in der Wüste.

Um den Verstand zu wecken, braucht es Lärm. Um den Geist zu wecken benötigt man Stille. FREE SPIRIT ist ein Weg in diese Stille. Sie ist mehr als bloß äußere Ruhe. Die Stille, von der ich spreche, ist stiller als der Tod. Ich spreche von absoluter Gedankenstille, denn nur in jener kann das Leben und die Wahrheit erfahren werden.

Frage:
Spricht so nicht ein Meister?

Antwort:
Woher soll ich das wissen? Wen interessiert das? Was würde das für einen Unterschied machen?

Frage:
Bruno, mein Verstand kann nicht verstehen, was mein Herz fühlt. Was soll ich tun, um Dich zu verstehen?

Antwort:
Der Verstand kann nie verstehen, was in einem Herzen vor sich geht. Du musst lernen zu vertrauen. Stille ist Vertrauen.

Kein Verstand ist in der Lage, das Leben zu verstehen aber, er ist in der Lage zu staunen. Jedes Mal, wenn Du staunst und auch wenn Du lachst, lebst Du.

Frage:
Und wenn ich traurig bin, lebe ich dann nicht?

Antwort:
Traurigkeit eröffnet das Tor zur Liebe und die Liebe ist das Tor zum Leben. Zuerst wird das Lachen zum Weinen, doch dann dreht es um. Aus Deinen tiefsten Tränen entfaltet sich die Sehnsucht nach Gott. Diese Sehsucht treibt Dein Herz. Alles kommt in Aufruhr, wie ein stürmisches Meer... Doch dann wird es still, wie ein Ozean der Liebe... die Wogen glätten sich und auf den Flügeln Deiner Liebe entfalten sich Dein Wesen und das unendliche Vertrauen in die ewige Vollkommenheit und Schönheit der Schöpfung. Das ist das wahre Leben.

Frage:
Wenn Du so sprichst, frage ich mich, weshalb dir nicht tausende Menschen folgen. Warum gibst Du Dich nicht als der zu erkennen, der Du bist?

Antwort:
Du erkennst mich doch, oder? Weshalb sollten tausende Menschen mehr Wert sein als Du? Jede erwachte Seele ist für mich eine ‚Menschheit'. Sie besteht nicht aus einer Masse Menschen, sondern aus vielen einzelnen. Du bist mir genauso viel Wert, wie die gesamte Menschheit es ist. Doch es wird sich ändern. Die Zeit ist bald reif. Zuerst jedoch lass mich ein sturmerprobtes Team aufstellen. Ich bin nicht in Eile. Das Free Spirit-Bewusstsein wird jeden berühren und wer Ohren hat der hört, wer Augen hat, der sieht und wer ein Herz hat, wird *es* fühlen.

Frage:
Wird es eine Art von Religion sein?

Antwort:
Religion? Aber natürlich! Jedoch nicht in dieser Art, wie es die Welt bereits kennt. Die bestehenden Weltreligionen sind nichts weiter als große Sekten. Der Free Spirit ist zu groß, er passt in keine Kirche, keinen Tempel und kein Konzept. Er durchdringt entweder alles, oder nichts. Free Spirit wird ein neues, unbelastetes Synonym für Gott werden. Es hat nichts mit meinem Training zu tun. Dieses bereitet nur das bestehende Bewusstsein vor, damit es vom freien Geist durchdrungen werden kann, mehr nicht. Nur das Leben selbst kann Religion sein!

Frage:
Schon wieder klingst Du wie ein Meister.
Eine Frage hätte ich noch: Sollten Deiner Meinung nach die Menschen beten? Was ist Deine Lehre?

Antwort:
Betet Gott? Meditiert er oder singt er Mantren? Wenn er es Deiner Meinung nach tut, dann bete, meditiere und singe Mantren. Wenn nicht, dann lass es sein. Tue einfach alles, was er tut. Und wenn er einfach Ist, dann erlaube Du Dir ebenfalls einfach zu Sein. Das ist es, was ich lehre, wenn man das überhaupt eine Lehre nennen will. Das wahre Gebet liegt in der Sehnsucht beten zu wollen verborgen. Die wahre Meditation ist Dein Alltag. Das wahre Mantrasingen verbirgt sich in jedem Deiner Worte, wenn sie von Herzen kommen. Denn was von Herzen kommt, das geht auch zu Herzen. Das ist beten, meditieren und singen zugleich. Das ist es, was einen wahren Free Spirit ausmacht.

Frage:
Noch eine letzte Frage: Wie bist Du auf die Idee des FREE SPIRIT gekommen?

Antwort:
Ich bin nicht auf die Idee gekommen. Ich komme überhaupt nie auf eine Idee. Die Ideen kommen zu mir. Und genau so wird auch niemals ein Mensch zu mir oder zum Kurs kommen, sondern bloß zum Free Spirit. Er ist da und ich kenne eben einen Weg, der helfen kann, sich ihm zu öffnen. Aber der Spirit selbst kommt zu und durch uns alle, immer.

Nachwort 1

von Klaus Podirsky

Gegenwärtig-Sein und Verantwortung – eine Sonntagsgeschichte

Am Ende dieses Buches soll eine Begebenheit stehen – stellvertretend für viele Gespräche, Anregungen und die Unterstützung, welche uns auszubildenden ‚Trainern in Assistenz' am Kurs stets zuteil wurde und wird.
Lernen und Entwicklungen in ‚persönlicher Verantwortung' können so essenziell wie schlicht vor sich gehen, wenn die Atmosphäre zwischen den Menschen vor Wertschätzung und freilassender Großherzigkeit ‚prickelt' – Liebe spricht.

Es war Samstag-Abend eines zweiten FREE SPIRIT-Kurstages im Juni 06. in Tirol. Bruno Würtenberger und Ralf Richter (TrainerInnen-Ausbildner) führten gemeinsam mit ihren damals 18 ‚Trainer-AssistentInnen in Ausbildung' Gespräche über das am Tag Stattgefundene, den Kurs betreffend: Erlebnisse, persönliche Fragestellungen, Erfahrungen, Selbsteinschätzung...

Bruno: „Klaus, wie war´s bei Dir?"
Klaus: „Heute – mir ging´s gut, ja..., ..., ...
Ich hab´ jedoch ganz generell bemerkt, dass meine Präsenz im Raum nicht im gleichen Maß vorhanden war, wie gestern."
Ralph: „O.k., danke für Deine Wahrnehmungen und danke auch für die Offenheit, das von Dir zum Schluss Gesagte auch noch mit uns zu teilen. Ich hab´mir dazu selbst auch was notiert gehabt."
Bruno: „Und, was ist dann morgen?"
Klaus: (intuitiv) „Morgen ist Sonntag."

Schweigen im Raum...

Klaus: (nach kurzem Überlegen) „O.k., morgen werde ich wieder mehr auf meine Präsenz achten."
Bruno: „Nein, nein Klaus, das stimmt schon so: Morgen ist Sonntag! (...)"

Morgen dann: sowohl ‚Sonntag' – als auch wieder in voller Präsenz...!

Nachwort 2

von Trainerausbilder Ralf Richter

Mitte August 2005 wurde ich das erste Mal mit Brunos Idee, ein von ihm entwickeltes, mehrtägiges Training anzubieten, konfrontiert. Meine erste spontane Reaktion war: Schade, dann ist es wohl aus mit unserer Zusammenarbeit im Team, die ich die Jahre zuvor immer sehr genossen habe. Diese Reaktion stellte sich schnell als sehr begrenzte Interpretation meines Verstandes in Bezug auf die neue Situation heraus. Nach einer Weile des Nachwirkenlassens rief, nein, es schrie förmlich in mir: JA! – Das ist es! – und es ist Deins!

Als auch mein Verstand endlich ja sagte – das Herz hatte dies lange vorher getan – kam ein rasanter persönlicher Prozess in Gang, dessen Einzelheiten mir gar nicht mehr alle erinnerlich sind. Was für mich als Essenz dessen geblieben ist, ist, dass ich mein Leben mit der verspielten Freude eines Kindes und der verantwortlichen Reife eines Erwachsenen *gleichzeitig* genießen kann.

So bin ich nun also, mit Leib und Seele, verantwortlich für die Schulung der neuen Trainer, die unsere Vision unterstützen. Was mich genau dazu befähigt, vermag ich nicht im Detail zu sagen – was mich aber leitet, und wofür ich mein Tun und mein Sein einsetze, ist die Absicht, friedvolle und sich gegenseitig wohlwollende Gemeinschaften ins Leben zu rufen. FREE SPIRIT ist für mich die beste Gelegenheit dieses Ziel zu verwirklichen.

Ralf Richter
Jahrgang 1969, aufgewachsen in der DDR, lebt mit seiner Familie in Bayern; nach Aufgabe der Tätigkeit im Hotelgewerbe verschiedene Ausbildungen auf ganzheitlich spirituellem Gebiet, seit 1996 in diesem Bereich als Coach und Trainer tätig.

Hier noch die Kontaktmöglichkeit, falls Du Interesse an der FREE SPIRIT Ausbildung hast:

FREESPIRIT

Diese(r) Tr[illegible] freut sich auf Dich !

Wenn keine Kontaktadresse in diesem Feld steht, dann wende Dich bitte an unser Büro unter folgender Anschrift:

FREE SPIRIT

Bruno P. Würtenberger

E-Mail: spiritinfo@swissonline.ch

Tel: +41 (0) 44 951 04 05

www.freespiritinfo.com

Wenn Du mehr über den Autor Bruno P. Würtenberger wissen möchtest, dann besuche einfach folgende Homepages:

www.freespiritinfo.com
www.spirituelleschuleschweiz.ch
www.new-peace.com
www.groovingspirit.com
www.peaceday.eu *(in Arbeit)*
www.bt-visiontrade.com *(in Arbeit)*

Außerdem freuen wir uns auf jeden Eintrag in unserem Gästebuch.

Eine Produktion von:
FREE SPIRIT MMEDIA-PRODUCTION